大工·法学研究文丛
Legal Research Series of DUT

Consciousness of Civil Rights under the Network Environment

网络环境下的公民权利意识

杨 异◎著

知识产权出版社
全国百佳图书出版单位

图书在版编目（CIP）数据

网络环境下的公民权利意识 / 杨异著. —北京：知识产权出版社，2016. 8

（大工·法学研究文丛）

ISBN 978 - 7 - 5130 - 4392 - 2

Ⅰ. ①网… Ⅱ. ①杨… Ⅲ. ①公民权—研究—中国 Ⅳ. ①D921. 04

中国版本图书馆 CIP 数据核字（2016）第 195073 号

责任编辑：李燕芬　　**责任出版**：刘译文

文字编辑：郑　悦　　**封面设计**：乔智炜

网络环境下的公民权利意识

杨异　著

出版发行：	知识产权出版社有限责任公司	网　　址：	http://www. ipph. cn
社　　址：	北京市海淀区西外太平庄 55 号	邮　　编：	100081
责编电话：	010 - 82000860 转 8173	责编邮箱：	nancylee688@163. com
发行电话：	010 - 82000860 转 8101/8102	发行传真：	010 - 82000893/82005070/82000270
印　　刷：	北京科信印刷有限公司	经　　销：	各大网上书店、新华书店及相关专业书店
开　　本：	787mm × 1092mm　1/16	印　　张：	14. 25
版　　次：	2016 年 8 月第 1 版	印　　次：	2016 年 8 月第 1 次印刷
字　　数：	173 千字	定　　价：	45. 00 元

ISBN 978 - 7 - 5130 - 4392 - 2

前　　言

公民权利意识作为现代社会意识的体现,是现代民主政治确立和发展的心理基础;是市场经济主体独立性的思想保障;也是法治现代化、观念现代化建立的重要标志。无疑,公民权利意识的培育是一项长期的、艰巨的历史任务。互联网的发展为公民权利意识的成长提供了契机。

网络环境下公民权利意识在不断发展当中,突发性的网络事件反映了公民权利意识在网络环境下的无序状态。公民在网络环境下究竟享有哪些权利、如何行使权利、如何在行使权利的同时尊重别人的权利,如何保障公民权利从网络到现实的运行。这些问题的存在,影响了公民权利意识在网络环境下的良性发展。因此,对网络时代下公民权利意识开展系统而完整的研究,进行良性构建,实现虚拟的网络与现实世界公民权利意识由分裂、冲突走向融合与协调,极具现实性与迫切性，是值得深入研究的问题。

本书主要运用文献分析法、比较分析法、系统分析法以及社会实证法等方法对问题进行综合系统的分析，同时跨学科地引入战略学、经济学、管理学等其他法学相关部门的原理进行交叉研究，对有关问题和现象从多角度进行深层次分析，力争使论证更具有说服力和实证性，从而保证所提出的完善建议具有针对性和可操作性。

通过对网络环境下典型权利案例分析，厘清网络环境下公民典型权利的范围，明确网络环境下公民权利如何正确行使，揭示网络环境下公民权利意识的认知内容；通过分析当前我国网络政治中的突出问题及深层次原因，探讨网络时代我国政治沟通的要素、改进沟通过程，提出构建和谐健康的互联网政治生态的具体途径，建立公共权力在互联网政治生态下新的运行方式；通过对网络环境下相关主体身份、主体意识的探讨和分析，在区分网民与公民，网民的现实身份与公民的网络身份基础上，提出互联网环境下公民身份应予以明确，并对如何逐步实现提出具体建议。

目　　录

第一章　网络环境下公民权利意识概说

从对网络环境下公民权利意识的释解、特征入手，界定网络环境下公民权利意识，明确网络环境下公民权利意识的正确范围，介绍网络环境下公民权利意识发展的历程；然后分析网络环境下公民权利意识的特征：平等性和广泛性、独立性和真实性、互动性和参与性；比较借鉴关于公民权利意识的各种基础理论，主要是从深刻分析马克思主义关于公民权利意识的基础理论，然后分析比较西方公民观，进而对公民权利意识理论在网络环境下进行继承与扬弃。

第一节　网络环境下公民权利意识的释解

一、网络环境下公民权利意识的界定

（一）公民、公民意识、公民权利意识

公民是以国籍为划分标准，可以享受权利，承担法律义务的人。

要厘清一个概念，重点要把握其核心要义。作为法律概念的公民，具有两方面的属性，即自然属性和社会属性。公民的自然属性是指公民作为自然生命体是基于生理规律出生和存在的。公民的法律属性则指公民是由法律规定的，作为一个国家的成员，积极参与、享受权利和承担义务。其次，在现代文明社会，作为政治基本范畴的公民，满足了政治生活中对于“普世性”[①] 的要求，这是由于它具有超越意识形态和历史的特征。所谓普世性，是指包含了时空的观念同时也意味着超越了时空观念。公民概念界定是从国家的地域性出发，即具有一国国籍的人，其实质反映公民和国家之间的联系，与国家形态、国家性质、所处历史时期等没有直接联系，因而满足超越时空的要求。最后，回归到伦理价值层面上的公民，是通过做一个好公民的条件来界定。在伦理学上，公民的概念是指符合有道德，通晓公民权利和义务，知晓其所扮演的角色、身份应有的行为态度和品质的人。

公民意识，是现代社会成员对于公民角色及其价值的自我感受、认知和评价。对公民意识，通常从以下几个方面来理解：首先，公民意识的产生需要一定的前提，该前提主要就是公民主体身份的确定。公民主体身份确定的意义在于，确定了公民之间是具有独立自主的人格关系、普遍平等的身份关系以及对等的权利义务关系。其次，公民的政治和法律地位、自身的权利和义务体系，以及作为公民的基本意识，如参与、知情等权利意识，都是以国家和公民关系确立基本框架为前提建立的，体现了国家和公民之间权利和责任的划分。

公民意识主要反映的是国家和公民之间的关系。在国家和公民之间，体现为权利和权力的交锋，这两者的关系是对立统一的，需要紧密一致，也需要适时调整距离。从国家权力来讲，需要发挥权

① 参见张弘：《何为“普世性”?》，载《社会观察》2010 年第 2 期。

力的能动性去尊重公民的权利，实现对公民权利的保障；从公民的角度来讲，需要自觉维护，实现对国家权力权威性的认同。公民对公权力进行有效制约的同时也保证了权力的实施，既制约国家权力，又保障公民权利，从而使权力与责任达到平衡。因此，公民和国家之间的关系，实质是一种权责关系，应该以相互尊重为原则，以相互制约为手段。最后，公民意识在社会生活的具体体现就是公民是否热心参与到政治生活中。公民既是法律概念又是政治概念，因此，公民从本质上是以国籍为基本划分的国家当中的一种政治身份。国家对公民的认可是通过法律规定来明确公民的身份以及相关的权利，而公民要实现该类权利，必须加入到社会生活和政治生活中去。这些权利，也是一定的自由维度，就是公民行使政治自由的空间范围。这些权利的存在与实现是维系公民与国家之间相互依存和制约状态平衡的一种监督性力量。

作为公民意识的重要组成部分的公民权利意识，是公民意识的核心，它是随着社会不断发展到一定阶段的产物，是公民作为主体，也即是独立个体价值的本质体现。公民意识的内容很多，主要侧重在公民的主体人格、公民权利、公民责任以及公民政治参与等方面。其中最主要的部分是指公民权利意识和义务意识。从一定意义上来分析，公民权利意识中应包括公民义务意识，或者说公民义务意识是公民权利意识的应有之义，用一句简单的话来概括，享有权利的就必须承担相应义务。在一个“重义务轻权利”[①] 的传统国家中，在这样的义务本位论的影响下，人们不会将宪法和法律作为公民权利的保护伞，而是对它充满了敬畏，将它视为一道可以衡量和矫正自身行为的警戒线；对政治生活冷漠，害怕用法律和那些违法行政与违法不作为的官员作斗争；道德感、责任感缺失，认为国家兴亡不是某一个人的责任，更缺少主动参与国家事务的积极性。这一切

---

① 参见董德刚：《马克思主义价值观建构的问题与出路》，载《哲学动态》2011年第3期。

都说明，权利意识低下或者缺位会导致中国现代化的民主进程失去理念支撑，更会阻碍公民的责任意识、法律意识、道德意识、主体意识的发展。这就意味着公民权利意识在公民意识的地位突出，尤为重要。

公民、公民意识和公民权利意识三者之间相互联系，彼此促生。首先，公民是公民意识和公民权利意识产生的前提。只有具有了公民身份，才有产生公民意识和公民权利意识的可能；其次，公民如果没有公民意识和公民权利意识也就不是完整意义上的公民。公民的存在意义不仅仅是单纯享受国家权利，更要做到履行义务，承担责任。最重要的是要以公民意识和公民权利意识作为精神动力与支撑，学会捍卫自身的合法权益，同时做到监督国家权力，能够对国家建设作出理性的分析与判断，尽到一个公民应尽的责任。

（二）公民权利意识内涵界定

1. 公民权利意识概念

什么是公民权利意识？在《论公民权利意识的培养》一文中，学者韦遐有过描述。他认为权利意识是指按照正当的法律途径维护自身的合法权益的维权意识①；李萌在《论公民权利意识觉醒》中也认为，能够在权利受到侵害时主张权利是公民权利意识的一个重要方面②。易联树、吴佩林在《论公民权利意识的觉醒与发展》一文中，指出公民权利意识是指公民对于制度在观念中的反映，这一制度规定的是人们可以以作为或不作为的方式取得利益，它实质上是在商品经济条件下一系列经济运行原则和规范在政治生活中的体现。③

夏勇在《走向权利的时代》中谈到，权利意识首先体现为社会

① 参见韦遐：《论公民权利意识的培养》，载《法制与社会》2008 年第 1 期。

② 参见李萌：《论公民权利意识觉醒》，载《学理论》2011 年第 11 期。

③ 参见易联树、吴佩林：《论我国公民权利意识的觉醒与发展》，载《西华师范大学学报》（哲学社会科学版）2005 年第 6 期。

成员对自我利益的肯定，并提出相应要求的主张，也包括对他人这种主张的社会评价。① 征汉年、马力在《论权利意识》中指出权利意识是一种思想观念的总和，既包含了社会主体对自身权利的认知和理解，也包含了社会主体对他人与之相关权利的态度和看法。因此，可以认为权利意识分为两方面，即对自我权利的认识和对他人权利的认知和尊重。

在《我国公民权利意识现状述评》一文中吴斌指出，权利意识是权利体系在人脑中反映出来的主体对整个社会权利系统的主观理性把握。它不仅体现为人们对权利的意义、范围和实现手段的认知，也体现为人们对权利现象所进行的理论分析和探索。② 日本法社会学学者川岛武宜提出，社会主体“自己权利的确立是以尊重他人的权利意识为媒介的，他人权利的承认和尊重是以自己固有权利得到确认为媒介的”③。从单独个体权利意识产生的角度来分析，最初的权利意识的表现就是人们对权利实现的方式的选择，以及采取什么样的手段来救济自己所受侵害的权利的一种主观认识。这是大多数学者对权利意识的观点，即认为作为公民意识和宪法精神核心的公民权利意识就是指公民对于其依法所享有的公民权利的认知、理解和态度，以及对行使权利、实现权利方式如何进行思考和抉择，在自己权利遭受他人损害时如何救济的一种心理反应。

关于公民权利意识的上述各种定义，第一种关于公民权利意识的界定是为了突出最为重要也最容易被媒体所聚焦的“维权”行为。④ 在很多情况下，公民的权利意识在生活中的确是通过一系列的维权事件表现出来的，但这绝不是权利意识的全部内容，其还包括

---

① 参见夏勇:《走向权利的时代》，社会科学文献出版社 2007 年版，第 34 页。

② 参见吴斌:《我国公民权利意识现状述评》，载《云南社会科学》2009 年第 3 期。

③ 参见川岛武宜：《现代化与法》，申政武、渠涛等译，中国政法大学出版社 2004 年版，第 53—60 页。

④ 参见黄荣飞:《论公民权利意识的觉醒与社会正义的实现》，载《沈阳工程学院学报》（社会科学版）2013 年第 9 期。

权利的认知、表达、主张、信仰等各方面的内容，单纯用维权意识来概括权利意识，是太过于片面的，这并不能准确描述公民权利意识的全部内容。

第二种关于公民权利意识的表述，把“制度”在公民观念中的反映定为其最后的落脚点。诚然意识的基本意义在于对客观存在的反映，但是作为在“平等”、“自由”、“公平”的商品经济运行模式下产生的现代公民权利意识所反映的客观却不是停留在“制度”上，而是针对“权利”，即公民权利意识反映的不是对“取得权益的制度”本身的看法，而是一种对自身“权益”的认知、态度和理解。用制度来界定权利意识，只是对公民权利意识的必要前提进行分析，或者只停留在对运行条件进行介绍，没有介绍和揭示出公民权利意识的含义所在，没有准确解释公民权利意识的真实内容。

第三种关于公民权利意识的表述，讲述了公民权利意识的主要内容包括对自己权益、利益、自由的认知，以及对他人权利的认知等。也就是说，公民权利意识包括对自己权益、利益、自由的认知和理解以及对他人权利的认知和态度、意志等。这个表述揭示了公民权利意识是对法定权利在意识中的承认和理解，也就是公民通过对法定权利的认知，清楚明了自己的权利在何种范围，并且如何在相应的权利范围内，采取作为或不作为的行为方式来行使自己的权利，也可以根据法律的相关规定，要求相关义务人进行一定的不作为或作为来配合自己权利的实现。这种对于权利意识的界定，一定程度上体现了权利研究中的分析法学范式（以余先予、夏吉先等为代表人物提出法学应以“法定权利与义务”为对象）的观点，也就是认定法律关系的中心是权利和义务，并将权利和义务作为法的核心和实质贯穿一切。这种观点是从应然的层面来进行的分析和描述，具有一定的科学性。

最后一种对公民权利意识的阐述，是在将权利意识的不同阶段和实现状态做了较为细致区分的基础上对权利意识进行结构和层次的划分。将公民权利意识划分为三个层次：第一层次是公民对权利的认知；第二层次是公民对权利的理解；第三层次是公民对权利的行使。公民对自己权利的认知比较浅显，体现为感性认知，是公民权利意识的最低层次；权利的理解则是公民权利意识的较高层次，包含两方面的内容，一方面是公民对自身所享有权利的认识以及对义务的认知；另一方面，则体现在行使自己权利和履行自己义务时，涉及他人权利义务的看法和态度。权利的行使是公民权利意识在社会生活的具体表现的最高层次，需要注意的是，公民往往不是单纯只行使权利，还需要履行自己的相应义务，并在遭遇侵权时正确采取一定的措施进行救济。可以认为第三种关于权利意识的表述是对公民权利意识的狭义定义，而最后这种对权利意识的表述是对公民权利意识的广义定义。这种界定，将权利意识界定为一个动态过程，包括了不同的层次和阶段，更为注重权利的实然状态的描述和如何实现。应该说，最后这种关于权利意识的表述较之上述表述，比较全面而客观，对于当前中国的权利意识现状而言，更具有实践价值和应用价值。

2. 公民权利意识的特征

天赋人权是公民权利意识的思想渊源。西方资产阶级启蒙思想家们提出“人人生而自由平等，具有某些不可转让的权利”的观点。在构架出现以前，在“完备无缺的自由状态”① 下生活的人们平等地享有权利，严禁任何人伤害他人的生命、健康、自由和财产。在国家出现以后，行使国家权力的政府要保护人们的自由和权利，因而，作为国家意志的法律就需要对这些既有的权利进行确认。一个人为满足其生存和发展的需要而应当具有的公民权利意识，其具有有利于社会秩序的个人自由意志本位的价值特征。随着资产阶级革命的胜利和宪政制度的实现，现代意义上的公民才产生。公民身份

① 参见刘艳玲：《霍布斯和洛克政治思想中关于自然状态的比较分析》，载《东南大学学报》（哲学社会科学版）2006 年第 1 期。

由宪政制度所规范，因此公民意识首先体现为公民的身份意识。作为公民所享有的公民身份（公民资格）是代表着一定的权利与义务。公民的身份意识不仅体现为公民应当具有基本的法律义务意识，而且体现在公民在运用法律过程中所表现出的质疑法律的正当性，即公民的权利意识。在西方则体现为公民的不服从于传统公民权利意识。在从臣民到公民的演化过程中，很大程度上就是从特殊性向普遍性、从等级权力向公民权利的演化过程。从中国看来，长达几千年的封建社会的社会性质，占主导地位的自给自足的自然经济结构，长期处于统治地位的儒家思想，使得广大民众具有根深蒂固的小农意识和臣民意识，不具备权利意识发展的土壤。资本主义生产方式在我国的发展和资产阶级民主政治思想在中国的传播，才使得中国公民的权利意识逐渐开始觉醒。随着中国经济的发展、社会的进步、法制化进程的推进，中国公民的权利意识在近三十年来取得了飞速的进展。

具体来看，公民权利意识具有下列特征：

第一，公民权利意识的社会性。人既具有自然属性又具有社会属性，从实质来讲，人是社会主体，不存在脱离社会存在的人。因此，权利意识作为人的一种思想活动，与社会环境具有密切联系，是环境中各种社会条件，如经济、政治、文化等综合作用而产生的。从自然属性来分析，人的内心具有趋利避害的源动力，对利益充满向往与占有的强烈愿望，在此心理动机的刺激下，在一定条件下人可能会为了获得自我的利益而牺牲、侵害他人的利益。根据自由意志论的相关观点，有必要对此进行正确的指引和一定的限制。体现在法律上，就是以权利、义务的具体规定为指引性规范，同时辅之以强制性规范，建立人们基本的权利意识概念与范畴。由此产生最初也是最基本的权利意识，体现出了社会性的属性。

第二，公民权利意识的自觉性。权利意识的产生以公民享有权利为前提，国家通常在宪法及相关部门法中明确规定公民享有的各种权利。从严格意义上来讲，这种在法律中规定的权利叫作法定权，与公民在社会生活中实际享有的权利之间是既有联系又有区别的。公民在社会生活中实际享有的权利，跟其个体差异、所处地域位置、教育背景、工作情况等都有关系。当公民没有相应的权利意识时，不可能正确认识自己所享有的权利，也就谈不上正确行使或保护自己的权利。也就是在公民权利意识尚未建立时，公民仍不能称之为公民，而处于臣民的身份。因此，通常将权利主体权利意识的自觉性作为区别公民与臣民的标准。为了正确理解，公民权利意识对于公民与臣民的意义，可以通过下列对比：

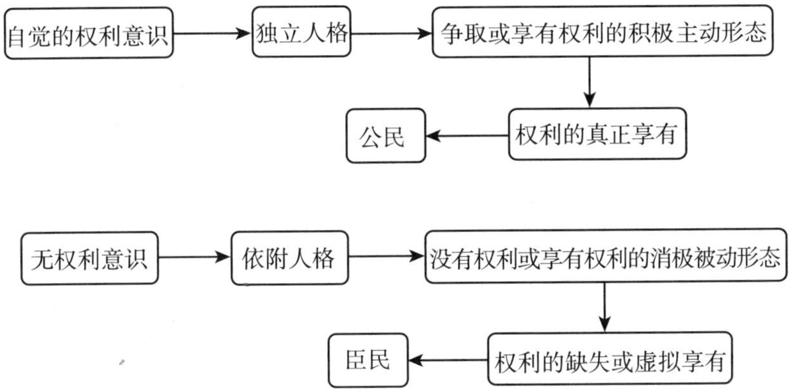

图 1.1　公民权利意识的自觉性

Tab. 1.1　Self-consciousness of Right

第三，公民权利意识的独立性。公民权利意识经常体现出一定的依附性。比如，公民权利意识深深根植于社会的经济条件，因此封建社会中不可能产生独立自主的思想意识；公民权利意识产生于社会的政治条件，没有政治制度的肯定，公民连权利都没有，更谈不上权利意识。但公民权利意识是具有独立性的，或者应该准确地说是相对独立性的。主要体现在，公民权利意识历经长期沉淀和稳定之后，形成一种思维模式和心理定式，一旦形成则不易改变，进而通过自己既有的权利意识实施行为，从而推动和影响权利制度的发展或改变。一般良性的权利意识会起到积极推动作用，反之，则表现为消极阻碍作用。

第四，公民权利意识的发展性。公民权利意识是人的思想意识的组成部分，作为社会意识的一种，必然会对社会存在，也就是各种具体社会条件作出反应。因此，公民权利意识的变化性是一定的。但是针对权利主体而言，虽然都会随着社会经济条件、文化条件、政治条件等变化，每个个体的变化都不一样，速度上有快有慢，程度上有深有浅。但公民权利意识一定是会从弱到强的变化，这是社会进步的基本规律和必然趋势。

3. 公民权利意识与相关概念比较

公民的权利、义务和责任之间紧密联系，不可分割。一方面，权利是公民的价值体现，以公民主体性为前提；实现公民权利的过程中，必然包含公民履行对他人的义务，以及行使自己权利所对应的责任。因此，公民的义务、责任与公民权利具有内在一致性，是权利主张和权利要求的应有之义；另一方面，权利也为每个人与他人的自由和谐并存提供可能性，权利也是自我和他人关系的设定和约束，这种设定和约束产生了相应的公民责任。公民既享有着权利，同时也承担着责任和义务。因此，在树立正确的公民权利意识中，必然包括了对公民义务意识、公民责任意识的正确认识。

（1）公民义务意识。公民的义务意识是指，公民自觉履行符合公民身份，与社会规范预期相适应的义务的心理状态。① 公民义务意识与公民权利意识相对应，也是公民意识不可缺少的组成部分。公民在享有权利的同时，对于自己相对的义务和责任应该有正确而全面的认识，能够顾大局、看整体，兼顾对他人、集体和国家的权益。

---

① 参见姜涌：《论公民责任与公民义务》，载《中国海洋大学学报》（社会科学版）2005 年第 5 期。

了解义务内容和合理履行方式，并自觉付诸实践，懂得权利与义务的一致性。例如，公民有依法纳税的义务，纳税不是说交钱到国库、国家才是受益人，应该正确看待，纳税的最终受益人是公民自己，纳税主要用于国家建设，以及保障公民权利实现，如参政议政、医疗保险或监督政府行为，为其行使政治权力提供依据，所以依法纳税的义务属于政治义务的范围。公民承担义务才是一个完整的公民身份。从一般价值观念来看，权利与义务在价值上是相等的，但实际上，强调义务和强调权利的实际意义是不相同的。因为每个人都有关心自我的本能。对大多数人而言，权利的号召力比义务更强，因此从保障权利出发来带动义务的履行也会更加有效。在法律秩序下，拥有更多的权利，就意味着更多的自由和活力的存在，这就更有益于创造和发展。另外，权利意识感强的人，也会懂得尊重别人的权利，懂得个人权利的行使应以不妨碍他人权利行使为界限，即尊重权利，服从权利，维护权利。这样，权利也就是义务，权利和义务和谐统一起来。换句话来说，没有权利意识就无义务意识。

（2）公民责任意识。公民责任意识是指公民基于自身公民身份和资格所赋予的，对分内应做的事以及没有做好分内应做的事情承担相应后果的认可。[①] 公民责任意识，是理性公民正确认识个人与他人、个人与集体、个人与国家之间关系中的一种自律表现。公民责任意识是公民在个体利益与社会公共利益进行平衡中产生的。对国家而言，公民责任意识是爱国主义的体现，表现为较高的道德情操；对于集体而言，表明公民对社会公共利益的考量和维系。在公民意识中，公民责任意识是公民自觉性的最终体现。公民意识的社会属性体现为对自己应当承担的社会义务的认可、遵守和执行，它的目

---

① 参见蒋传光：《公民社会与社会转型中法治秩序的构建——以公民责任意识为视角》，载《求是学刊》2009年第36期。

的在于保证社会良好的运行秩序。公民责任意识具体来讲，包括监督国家权力、限制自我权利、平衡与协调权利冲突。公民责任意识之中，必然强调合理实现公民权利意识与公民义务意识。而从本质来看，公民责任意识更多地体现在对公民个体的必要限制和约束上，是形成于现代法治下的民众意识。它表现为公民对国家政治、经济、法律等活动的一种心理认同与理性自觉，又体现为合理配置国家权力资源来保障与促进公民权利的各种理论思想，具体体现为具有尊重他人人权、勇于维护自己和他人的自由、尊严和价值的意识。这种意识形成的前提条件是公民拥有对于自己国家和社会的强烈责任感。

没有权利意识则无法产生责任意识，公民的责任意识和权利意识是相辅相成的。因为，只有积极鼓励公民广泛参与管理国家政治事务，充分保障公民的知情权、参与权、表达权和监督权，公民才能真正感受到宪法所赋予自己的权利，真正意识到自己所承担的社会责任。反之，如果不能有效保障公民的政治权利，他们的责任意识就会日益减少，从而忘记国家的宪法共识。从这个角度来说，公民权利宣传会起到很好的公民责任意识教育。

（三）网络环境下公民权利意识的概念

新型的网络技术的发展，使得网络虚拟社会通过计算机传播而形成，创造出了一个全新的人类环境，从而使得人们的生活方式、工作方式、社会结构和文化的价值观念等发生了巨大的改变，最早的网络空间只是出现在科幻小说之中。[①] 网络社会是一个特殊的、虚拟的空间，它是基于因特网的网络技术的发展而诞生，和已知的物理空间存在非常明显的不同。互联网在全球各个角落飞快地扩张，

---

① Doherty M. E., Marshall McLuhan Meets William: Gibson in Cyberspace, *CMC Magazine*, 1995 (9), p.4.

把世界各地紧密地连接在一个平台上，并且包容性地和创造性地将不同地域的经济、政治和文化融入其中，人类开始进入了网络时代。网络本身是中性的，但由于其便捷性、交互性、隐蔽性、平等性等特点，当进入政治生活中时网络本身的便捷、交互、隐蔽、平等等特点更会发挥其作用，当其具有了政治属性，对于政治生活中的各种运行制度和运行关系，如政治基本制度，主导权力、个体参与等社会现象，都会产生一定的影响。增加媒介的使用会促进经济和政治生活的参与。①

1. 网络社会

互联网，这个称谓非常形象，是说互联网通过网络技术将世界各地的人们互相联系在了一起。在其诞生之初，我们称之为赛博空间，发展到现在，约定俗成用网络空间的称呼。由于网络技术本身的特性，改变了以往既有的很多观念，尤其是时间和空间概念，反映在人们的生活中，则改变了人们的物质生活、进而改变人们的精神生活、政治生活等。网络社会应运而生，它们都是由纯粹的数据或者信息组成的。② 网络社会的定义通常分为广义的网络社会和狭义的网络社会。广义的网络社会，是将整个物理社会，也就是现实社会界定其中，将网络社会作为现实社会发展的新阶段、新形态来看待。狭义的网络社会，是将网络社会作为现实社会的一个组成部分来看待，也就是网络技术所提供的虚拟空间，是人们生活的一种平台。

曼纽尔·卡斯特是研究网络社会较早的一位学者，关于网络社会有很多专著，并且提出了很多独到的见解。最具有代表性的是其所著“信息时代三部曲”，在第一部《网络社会的崛起》中，主要从广义的角度，对网络社会进行了非常充分的研究，明确界定了网

---

① Daniel L., *The Passing of Traditional Society*, New York: Free Press, 1958, p. 46.

② Benediket M. Cyberspace: Some Proposals, in M. Benediket, *Cyberspace: First Steps*, Cambridge MA: The MIT Press, 1991, p. 123.

络社会的概念和含义。主要观点为，网络是研究社会学、社会结构等的一个全新视角；当前社会运行的中心线索是网络化逻辑。社会整体的运行就有赖于稳定的网络和它们之间的相互交流与沟通。这些网络类型多样，社会资源可在网络之间自由流动。

万维网的创始者蒂姆·伯纳斯·李曾说：“社会也从来没有像现在这样与技术完全结合在一起。”“与其说是一个技术的创造物，不如说是一个社会性的创造物”[①] 网络社会无疑应该是人类社会形态发展的一部分，但由于网络社会本身所具有的技术性等特质，这个社会有着自己非常独特的、与其他任何社会都不同的特征：其一，虚拟性。这是网络社会与以往的社会形态不同的最显著特征。网络社会最初也是最为人们接受的功能就是人们可以在网络空间里聊天、谈天说地、和陌生人交朋友，但人们所了解和接触的只不过是对方上网的一个符号，完全没有人知道你是谁，没有人知晓你的种族、性别、肤色、财产状况、教育背景等个人信息。[②] 网络虽然表现为虚拟性，但现实生活中，网络的客观存在是可以通过人们的实践所感知的。其二，全新时空性。网络空间的最大特点就是突破了既有的空间概念，其网络环境的开放性是最大范围、最大限度的全球性的开放。没有了国家和民族的界限，没有时间的约束，你可以根据你自己的时间选择任意的地点，通过电脑去了解你想要知道的信息，可以浏览世界各国的各种新闻、时事，可以充分获取各种知识，而不需要亲临其境。其三，网络社会信息性高度发达。这是网络社会最重要的存在意义。尽管信息资源的价值一直未被人们高度重视，但是在以往的传播技术下，传统的传播方式导致信息的获取非常受

---

① 参见马克·菲谢蒂、蒂姆·伯纳斯·李：《编织万维网——万维网之父谈万维网的原初设计与最终命运》，张宇宏、萧风译，上海译文出版社 1991 年版，第 124 页。

② Jordan T. Cyberpower, *The Culture and Politics of Cyberpower and the Internet*, Routledge, 1996, p. 66.

限，信息的使用也只是少数人的特权。网络技术的发展、网络社会的出现，使得信息处理等各方面变得更加便捷，才成为引发社会变革的重要因素。海量的信息资源以及信息资源的共享性，是网络社会发展的基本动力。政府应当借以新技术，更新网络合法性，并在新的民主政治中适得其所。[①] 其四，非中心性。网络社会与现实社会的层级式结构不同，网络社会是一种非典型的扁平化结构。现实社会的组织结构方式的研究学者马克斯·韦伯指出，现代社会的理想结构，应该是一种科层制，准确形容的话应该类似于金字塔的形状。科层制与封建社会的等级制不一样，不存在人身的依附性。其基石为法律制度，以法律制度为指导的等级制度。社会成员在这个科层体制中，以自身的专长等实现自我的价值追求和满足自身的生活需求；各成员之间有严密的分工，以权利义务为特征进行相应的行为。网络社会中完全突破了层级的限制。在网络社会中，人与人之间的关系完全呈现为平面关系。

2. 网络环境下公民权利意识

（1）网络环境下公民权利意识概念。由于网络空间的技术结构和运作模式的不断发展，互联网成为一种新的赋权机器，个人和非国家实体权利获得是其主要体现。网络改变了既有的“权力决定信息分配”模式，产生一种全新的“信息决定权力分配”[②]。从社会层面来看，体现为传承政治文化，建构开放自由、政治平等、政治民主等政治价值，维持主流意识形态；从个体层面来看，影响个体政治态度和政治理想，以增加公民政治责任意识为主导，以提高公民参政议政的政治能力为手段，打造现代公民，实现公民权利意识从

---

① Christine Bellamy and John A. Y. , *Governing in the Information Age*, Open University Press,1998: 118. [46] Aibar W. A. E. Towards a Network Government? LNCS: Springer-Verlag, 2007, pp. 330 – 341.

② 参见向良云:《论公共危机网络治理结构中的权力分配模式》,载《探索》2008 年第 3 期。

等级性到平等性、从依赖性到独立性、从封闭性到开放性等的转变。“我是公民，是宪法赋予的公民权利，是我将我的权利让渡给你，你的权力，你的运转动力来源于我。我是公民！”这是网络热传的一篇帖子：《我不是老百姓，请叫我公民》。网络媒体正以网络化的范畴影响着民众的观念、思维和行动。当更多的意见表达出来，普通的网民乐于表达自己的意见，它们会愈发意识到自己的权利是多么神圣，是多么不可侵犯。正是因为网络上更多的事件被报道和评论，才催生了公民权利意识的觉醒，人们开始对于公民权利关系和政府权力进行反思。在20世纪末，互联网技术的问世，标志着人类进入了全新的数字化时代。作为新技术的一种，网络以其非凡的生命力推动了公民权利意识的觉醒、以网络事件的参与方式推进公民政治参与的广度和深度，实现公民权利意识的增强。最牛钉子户、华南虎照事件、黑砖窑事件、许霆案等，都是在网络上让公众们迅速了解，并推动着事件的进展，而这些事件都让我们在推进建立公民权利意识的公民社会的道路上前进了一步。在“前信息时代”①，“人民实际上从未统治过，但他们总能被定义弄得像在进行统治”②，而在网络环境下，公民通过网络参与到社会生活与政治生活中去，表达诉求、积聚力量，行使权利与监督公权力，使每个人有平等的权利运用自己的能力，实现自己的充分发展。③ 以实现自我价值、个人利益为契机，以追求公共利益与民主自由为最终价值目标。

网络环境下公民权利意识，是指公民借助于网络这个平台，实现自我利益和主张，以及对他人利益和自由的认知，对自己作为主

---

① 参见刘瑞挺：《数字化生存的思考——我国已经进入前信息时代》，载《个人电脑》1997年第3期。

② 参见卡罗尔·佩特曼：《参与和民主理论》，陈尧译，上海人民出版社2006年版，第5页。

③ Macpherson C. B., *The Life and Times of Liberal Democracy*, London: Oxford University Press, 1997, p. 114.

体活动的思想认识和心理感受。网络环境下公民权利意识，相比较于现实环境的公民权利意识，并没有根本性的改变。两者的区别，最主要在于表达的载体和实现的途径，网络就是网络环境下公民权利意识发展的新技术、新平台、新媒体等。网络环境下公民权利意识的表现，最常见也是最主要的，就是网民对国家事务不再淡漠，而是积极参与其中，并且在大是大非面前，勇于维护自我利益和公共利益等，以期实现自己对社会的责任。这一点和现实环境下并无分别。从其产生背景、影响因素、发展规律等方面来分析，网络环境下的公民权利意识并不是不同于现实环境下公民权利意识的全新概念，而由于网络的特性发生了改变，其中最主要的一点，就是公共空间的改变。网络使得网络中的"社会空间"和公众领域里的空间有了很大的不同①：公民从网络匿名性获得的虚拟网络身份，使得公民在网络社会中具有较大的自由度。不会受到实际社会中地域和时间的限制，也不会由于个体的差异，诸如身份、职业、教育程度等受限制；网络所提供的无障碍交流方式，使得公民在公共空间里无所不谈，有效沟通形成一致看法；网络所提供的海量信息，让公民生活产生了翻天覆地的变化等。

综上，网络环境下公民权利意识与现实环境公民权利意识，从概念来讲两者之间没有本质的区别。只是由于媒介的不同从而使得公民权利意识的培养和发展，权利认知、权利诉求、权利实现等具体内容发生了新变化、新内容和新特点。

（2）网络环境下公民权利意识的重要性。

第一，在网络时代，公民权利意识的培育是至关重要的，它是法治国家法律秩序内化的心理基础。现代法治的核心内容和最终目

① Mark Poster, Cyber Democracy: The Internet and the Public Sphere, in David Holmes: *Virtual Politics: Identity & Community in Cyberspace*, London: Sage Publication, 1995, p. 6.

的是限制公权力而保障公民私权利。法治社会的典型特征，就是以个体权利作为公权力的源泉，力图实现权利与权力由对立走向平衡统一，公民权利能够对国家权力进行有效的制约和监督。依法治国是我国当前政治生活的热点焦点问题。国家各个部门、各级政府都为之努力。但是，依法治国的贯彻与实施，必须要以公民的个体参与为充分必要条件。其中，要重视依法治国思想基础的公民权利意识的建立及完善。权利意识是推动社会发展的重要基础，一个国家的政治制度变革，是由经济制度变革引起的，由政治主体所倡导，但是如果作为国家主体的公民个体没有建立与之相适应的思想意识的话，是很难顺利实现的。这也就是我们常说的“在不同时代，由于其物质生活条件的不同，重点在物质资料生产方式的不同，社会主体之间当然会产生不同的权利意识。”① 网络时代，对上述课题提出了新的挑战和机遇。我国现阶段的法治目标是建设法治国家、将各项民主制度落到实处，这些都需要建立在公民权利意识的培养基础之上，特别是强化网络环境。通过收集网络民意作为制定政策的参考，进一步深入实现我国人民民主专政制度。我国培育公民权利意识、培养公民参与性过程中，比较突出的问题在于我国的地域广阔，经济发展不平衡，相应公民的个体差异也较大，网络的出现则很好地解决了这一难题。创新公民政治参与的网上运行机制，能够更好地实现公民当家做主。最重要的体现在基层民主政治建设上，创新形式，大胆利用网络，严格依照法律，实行直接的民主选举、决策、管理和监督。在这些制度中作出的政治决策，会为塑造更好的公民而不断改变。② 事实上，在“两会”期间，由人民网和其他

---

① 参见征汉年、马力：《论权利意识》，载《北京邮电大学学报》（社会科学版）2007 年第 9 期。

② Immergut E. M., New System Principle Elementary Theory, *Politics & Society*, Stoneham: Volume 1,1998, p.26.

网站做的“我有问题问总理”的网上调查，网民参与人数数千万，提出问题百万条，更有许多人大代表直接对话网民，因此最终提出的议案是吸收了广泛的群众意见的。网络环境下，公民积极参政议政，权利意识空前高涨，不仅使公民知情权、参与权、表达权、监督权更好地实现，而且使国家权力机关能够作出更加民主和科学的决策。[①] 与西方国家相比，网络民主可谓是“横空出世”，因此“在中国特殊的政治环境下，网络活动较之其他国家更具有意义”[②]。

第二，网络环境下公民权利意识的培育为网络背景下政府提高执政能力提供心理支持。在制定政策之后，政策必须在实践中传达、执行。在现实环境下政策进行逐级传达时往往容易出现拖延和错误传达的情况。如何快速地将国家各项政策传达给最广泛的民众，如何能够将各项政策落到实处，并将政策执行效果及时反馈，网络提供了这样一个新的及时有效的平台，前提在于公民权利意识的培育。公民网络环境下权利意识的培育，使得公民自觉主动地利用网络这个平台，对政策的本质、政策的利弊进行分析探讨，公民是国家政策的最终承受者，他们所提出的建议最具有实践性和有益性。此外，通过网络环境下公民权利意识的提高可以促进政府从单一的机构转变成多功能、网络化的政府。公民在网络环境下通过行使知情权、监督权，就像形成了一个全天候、全方位的监督体系，使得政府执政行为和官员言行处于最广泛的监督之下，使得政府权力在阳光下运行得以真正实现。从2008年起，网络问政成为当前政治生活的热点问题。网络问政对于提高政府工作效率、密切与人民群众的血肉关系有重要作用，同时它更有利于了解民情、有利于汇集民意、有

---

① 参见郭小安：《网络民主的可能及限度》，中国社会科学出版社2011年版，第201—204页。

② 参见胡泳：《众声喧哗》，载《网络时代的个人表达与公共讨论》，广西师范大学出版社2008年版，第311页。

利于采纳民智，是推进社会主义民主政治建设的重要一环。在网络环境下，公民的权利意识的正确培育与良性发展，对于实现网络问政的制度化，规范网络问政的正常化具有非常重要的意义。公民在网络环境下的权利意识是否构建，直接影响并决定了网络时代下政治文明的发展程度与政治发展的水平。只有培育了网络背景下公民的权利意识，公民有序而理性地表达自己的观点和主张，有效地提高公民网络参与能力，从而加速服务型政府的建设进程，使之符合网络社会的发展。在政治中，传播使公众舆论成为可能，而有组织的舆论便是民主。①

第三，网络环境下公民权利意识的培育为网络时代公民主体身份重塑提供理性支持。网络作为一个表达意见的平台，给予了众多个体发出自己声音的机会。网络本身的交互性，使公民实现了从"受众"到对话者的转变，提升了本身的力量，公民权利意识在这一过程中得到了巩固和提高。公共领域将有更大的动力，不再仅仅以在场的行为为基础②。同时，公民权利意识的进一步提高，极大地促进了公民的现代政治人格的塑造，使得公民实现了从现实环境中的等级性到平等性、依赖性到独立性、封闭性到开放性的转变。现实环境下，传统中国数千年来形成了以血缘亲疏为中心的社会结构，人与人之间体现为父子关系、亲属关系、工作关系等，每个人都是社会等级链条中的一个环节，人和人之间的联系受到这样或那样的束缚。网络世界是开放、自由和无权威的，因此它体现的是一种彻底的平等性。网络是一个虚拟的空间，因此国籍、种族、民族、性别、年龄都没有任何意义和区别，不管你是平民还是总统，不管你

---

① S. Publicity Democracy, And Public Opinion, Norwood: J., A. blex Publication, 1993, p. 24.

② Verstraen, The Media and the Transformation of the Public Sphere, *European Journal of Communication*, 1996, p. 11.

的收入、教育程度高低，都可以自由发表自己的见解，参与讨论，充分展现了从等级性到平等性的转变；在中国长期的封建社会中，人们在土地的基础上形成了等级森严的专制制度，牢牢地依附在土地之上，没有平等观念和独立人格，只是政治的附属物，体现了对土地对统治者无可奈何的依赖性。随着网络在中国的普遍适用，其中最突出的贡献就是激发了人们参与国家事务、社会生活以及参与政治的热情，强化了公民个体的独立性，实现了公民参与的自觉性与平等性，人们对政治参与表现出了更强的积极性和主动性；中国传统经济社会表现出的个体农业和手工业相结合的小农经济，以家庭为生产单位，产品主要用于生活需要，社会分工和商品交换特征不明显，崇尚“鸡犬之声相闻，老死不相往来”，形成了中国传统社会的人格封闭性。而在网络上，人们完全实现了自我的开放。网络本身具有的开放性，使得任何人都可以选择自己喜欢的方式，随时随地表达和参与到网络中。①

二、网络环境下公民权利意识的范围

（一）公民权利意识的结构界说

公民权利意识的概念，主要是分析公民权利意识的基本范畴、明确其内在规定，界定其合理外延范围，要对公民权利意识进行完整研究，需要进一步分析公民权利意识的内在结构。系统论的基本观点认为，任何一种社会现象都可以看作一个有机的系统。系统是一个有机的整体，它是内部各要素按照一定的结构形式形成的，系统的结构则是指事物内部各要素之间的组合方式。换句话来说，同样的要素按照不同的结构进行组合就会产生不同性质的事物。从这

---

① Castells M., Toward a Sociology of the Network Society, *Contemporary Society*, 2005 (9), p.696.

一意义来看，结构的意义在于它具有决定事物性质的功能和作用。系统整体性质和功能的变化是建立在系统结构的转换基础上。甚至可以认为，系统的全部意义体现在其结构上。结构论的基本观点认为，结构可以在外部环境或者系统要素发生变化的情况下，实现自身变化以适应新环境的要求，创建新的系统。结合系统论和结构论的基本观点，在对公民权利意识的结构进行研究时，把公民权利意识作为一个具有内在要素和层次的整体性结构，剖析公民权利意识的构成要素和层次，进而在理论上架构公民权利意识的结构模型来深化对公民权利意识的认识。

（二）公民权利意识的结构内容

具体来说，公民权利意识的结构研究涉及方方面面，主要分析公民权利意识所包括的要素和层次、要素和层次彼此之间的逻辑关系、不同要素或层次对于公民权利意识整体性质的影响。权利意识的结构内容，是诸多观念要素以及逻辑关系的组合整体。公民权利意识具有自身的观念体系，这一观念体系是公民权利意识的内涵所在，也是区别于其他意识概念的重要表征。

首先，社会主体，在现代法治社会中即指公民，其主体意识的萌发与觉醒是促进公民权利意识发展的重要前提。主体性是公民角色的价值定位，黑格尔认为，现代性的核心原则就是主体性，要实现传统依附性人格向独立性现代人格转变。公民权利意识最大的特点就是自觉性和自主性。自觉性主要是人基于自我需要对客观现象进行理性认识，体现在自我与客体之间的关系为理性认识和掌控。自觉性与自发性相对，自发性是人对客观事物本质和规律以及自身都没有自我意识的一种行为状态。而自觉性是以自我意识的觉醒和理性自知为主要内容的。自主性是指自我主宰、自我行动和自我制约。自主性是与依附性相对应，表现为人对外部环境的正确认知，能够独立自觉地支配生活，合理地确定自己的目标，充分运用自己的现实条件，成功地控制环境和自我的冲动。网络环境下，公民的主体意识得到了极大的促进。在网络环境下，公民不仅可以了解自己的权利和自由，更能积极表达自我，充分实现主动性和自觉性。

其次，参与意识是公民权利意识的外在表现。积极参与公共事务不仅是公民的一项权利，也是现代社会实现民主的一个重要标志，公民有权运用宪法和法律来参政议政。公民更加充分地参与政治过程是建立现代政治的必然要求。网络为公民提供的自由平台，使得公民的政治参与真正得以实现。网络的平等性增强了公民参与的平等性，每个公民都有并且能够实现表达自己政治主张和政治意见的平等权利。即通过网络的匿名性和及时性保证网络具有平等性，在网络上无论你的现实身份、年龄、教育背景、职业等，都不会影响你参与到网络中各种热烈的讨论中去。网络选择的多样性扩展了公民表达的渠道，线下丰富的网络手段使上网者可以通过各种渠道参与到网络讨论中去，公民可以表达自己的心声，打破地域、时间的限制，不受个人与集团的差异与分歧的影响。

最后，义务意识是公民权利意识的内在要求。康德认为，权利应表示为，能与所有人的自由相协调，但应当是有普遍法则作为根据，同时具有普遍的相互强制的特性。主体之间的相互强制，就意味着权利绝不仅仅是单纯的自由意志，而是表明意志的“自律”，因而与一定的责任相联系。从实质来看，权利本身就包含着义务的要素。权利既包含对自身主体性的肯定，也包含着对他人主体地位的承认，权利的实现要以承担尊重其他主体权利的义务作为前提。换句话说，义务是权利的概念、内容和实现的基础。网络环境下，尤其需要强调并重点树立义务意识为公民权利意识的内在要求。网络的虚拟性，导致人们在网络上往往比现实环境中更大胆，更无所顾虑，对自己权利的行使，对自己行为的约束会超越必要的限制与界限。网络环境下，需要公民更加理性地对自身在政治上和法律上的义务有清晰和明确的认识，对于虚拟空间的公共生活持有信念和承诺，并对他人价值和生活空间给予应有的尊重，对公共事务积极关注、理解和勇于承担。

（三）公民权利意识的层次结构

公民权利意识的结构是一个包含诸多观念要素和诸多观念层次的整体。要素结构呈现的是公民权利意识组成要素的横向形态，层次结构呈现的是公民权利观念层次的立体格局。公民权利意识的层次结构，主要是从感性认识到理性认识的升华。

感性认识是人脑对客观事物的个别、局部和表面东西的反映。所谓公民权利意识的感性认识，是指公民认识权利现象、判断权利事件和评价权利案例等相关活动及其演变规律等方面的内容。感性认知的形成是一个过程，公民首先会对各种权利现象，权利现象背后的构成要素开展充分了解和认识，对自己的政治地位和法律属性，在社会生活中所能享有的权利和承担的义务，主要通过家庭、社会、媒体等多种渠道去获悉。感性认识属于较低的认识层面，主要是对权利的直观认识，对于享有权利的种类和内容自发的、直观的认识和理解。

理性认识是对事物内部各要素联系的、间接的、概括的反映，它是人脑对感性材料进行加工制作后获得的认识。公民权利意识的理性认知，是指人们对权利现象依据一定的价值标准，根据自己的体验作出的价值判断。公民对于自己作为公民的主体身份，在社会生活中角色的体验和感受，表现在公民对于自身的政治法律地位、权利和义务的认知以及公共政治参与的态度取向。理性认知中，应包含公民作为权利义务主体对正义、法治、秩序价值的崇尚与追求。网络环境下，公民权利意识的理性认识包括：正确看待主体地位的确立、人格尊严和个人自由的实现；理解并以自己的行为实现权利明确规定，义务得到切实履行，利益得到真正保护；公共权利得到权利的有效制约等；尤其是正确对待与理想状态不一致时出现的各种冲突和差距。

在公民本身的出身背景、工作经历、社会经验、法律体验等因素的影响下，网络环境中个体对于权利意识的认知总是不可避免地存在着差异，认知上的差异会导致主体在行为方面的差异。一直停留在感性认识层面的话，对于公民权利意识而言则体现为零散的、片面的，主体会因此缺乏正确的、体系化的权利认知，在社会生活中受到很大限制，很难正确行使自己的权利或维护自身权利，更谈不上对自身责任的承担。公民权利意识的培养反映的是权利意识的内在联系、本质和规律。因此要提高运用抽象思维的能力，学会从权利现象中揭示出权利本质，从偶然性的权利事件中揭示出其必然性。为此，应努力培养公民权利意识从感性认识提升到理性认识的层面。

第二节　网络环境下公民权利意识的特征

分析、比较现实环境与网络环境下的公民权利意识，既有一致性，也体现出了不同特点。从整体上来看，现实环境下，公民权利意识具有平等性和广泛性，但是这种平等性和广泛性在网络环境下，通过网络的技术特点，得到了更深层次和更广范围的实现；现实环境下公民权利意识具有一定的独立性和真实性，但是只有在网络环境下，才能真正保证独立性和真实性的有效实现；现实环境下公民权利意识具有互动性和参与性，但只有在网络环境下才真正充分开展。

一、平等性和广泛性

（一）平等性

如前所述的网络自身的技术特点，信息传递更加多元化、言论表达更加自由。在网络上，每个人表达自己的意见，听取别人的意见，参与各种讨论，这些参与机会完全是均等的，并且是轻而易举实现的。这在现实环境下无疑是难以实现的。很难想象，在现实环境中，一位普通公民能够和人大代表提出自己对将要召开的人大会议、对可能会关系重大的事项提出自己的建议，或者是直接和国家领导人展开交流与对话。但是在网络上，人们只需要通过敲击键盘，就能直接地、毫无障碍地完成上述活动。随时随地，每个公民都可以自己个体的身份，直接参加到政策、法律等的制定中去。应该说，平等性是公民权利意识的非常重要的表现，只有公民普遍地都具有了平等性的公民权利意识，才能够在社会生活中实现公民权利、履行公民义务。公民权利意识所需要的平等性借助网络的平等性，从而得到了更加彻底的实现与贯彻。英国学者提姆约旦认为，网络克服了身份的不平等，为民主提供了可能。[①]

（二）广泛性

网络环境下，广泛性的表现主要有两个方面：一是网络主体人数扩大。近年来网络在我国得到极大普及，自 1994 年中国正式接入互联网络，截止到 2013 年年底，中国网民规模达到 6.18 亿人，上网普及率达到 45.8%。网络参与的人数大大增加了。网民成分也体现广泛性、多样性的特点，由最初的在校学生为上网主力军，发展到现在包括各行各业、各个年龄段的人都有很多加入网络中；二是网民参与网络内容的广泛性。在参与的内容上，从最初主要针对一些个体突出事件外，逐渐将公共政策、公共管理，甚至公共道德等文化社会问题也纳入讨论范围内。近年来网络舆论更是发挥了越来越大的影响力，诸如在反腐倡廉、为农民工讨薪、学术腐败等一系

① Jodan T. Cyberpower: *The Culture and Politics of Cyberspace and the Internet*, London: Routledge, 1999, pp. 82 - 83.

列事件中都有体现。网民关心的不再局限于个人或某些群体的利益和意见，而是针对社会共同关注的公共利益、关系国计民生的宏观社会问题。

二、独立性和真实性

（一）独立性

公民权利意识具有独立性，由于现实环境下受到种种限制，这一点实现起来较为困难。网络文化的重要精神意味着公平与独立，因此它强调人的主体性、能动性和理性精神。网络交流避免了面对面所带来的局限，突破了人们的心理防线，人们在网络空间中更加显现了自己的个性与特点，不像现实环境中受到种种的束缚，不得不依赖、服从。像“周久耕事件”、“北京站出票视频事件”等，互联网以其真实和独立的评价，激发公民权利意识。当微博出现后，迅速成为人们表达自己的看法，展现自己的舞台。甚至可以说，微博的出现改变了我国政治格局，使得传统政治力量发生了明显的变化。中国人民大学喻国明教授对此给予了高度的评价，他指出微博通过改变政务议程设置，引入新的主体加入公共决策体系中，从而改变了我国既有的政治生态面貌。

（二）真实性

根据弗洛伊德的观点，文明越发展，可能对人越压抑，就是用“超我”的人格特征来压抑“本我”人格的机会。虚拟的网络世界给了人们表现“本我”人格的机会。网络环境中，去掉了现实环境下的地位差别和利害关系，人们在网络环境中常常流露出比较真实的自我。网络环境下，由于每个人可以仅仅介绍自己为一个网名，进而可以充分地享受网络所提供的表达自由、人际互动、平等对话。在网络环境下，人们往往容易表现得真实，更容易表达自己的真实意愿和想法。因为无须考虑说出后对自己所谓的影响，人们往往表现得活跃而敏感。平时不爱说话的人，在网络环境下有时会变得非常健谈；平时根本无从了解和沟通的情况，网络环境下往往变得容易获得。当然，也正是因为没有了现实环境的种种约束，某些阴暗的心理和言论也在一定程度上有所体现，但不能因为这些非理性、偏激的表达而否定网络对于个人自由表达、真实表达的正面作用。换个角度来看，那些非理性、偏激的表达即使在现实环境下也存在。

三、互动性和参与性

（一）互动性

网络环境下，互动性是公民权利意识的重要体现，主要来自两方面原因。一方面，网络的互动性是来源于网络技术本身的特点，网络技术在传播信息时，是一种交互式、双向的方式，这与传统媒体的传播方式有着很大的不同，传统媒体是以点对点的方式来进行的。网络参与的互动性体现在网络媒介是一种双向的交互式信息传播通道，与传统媒体的点对点的信息传递方式不同。网络技术最大的优点就是可以实现同时多点的互动与交流。人们一直在追求可以不受时空限制自由进行交流互动的方式。网络中，虽然是一人一台电脑，通过人—电脑—人这种模式来实现的互动，但同时这种电脑中介可以同时链接无数个人，这种互动就不仅仅是一对一之间，而是一对多之间，这种多向互动带来的便利与快感是现实环境的单向互动所完全不能企及的。所以，新媒介“如果要与传统媒介比较的话，那么主要的区别就在于它的互动性”①。另一方面，在网络技术的发展下，网站要发展，主要是通过吸引广大网络用户加入其中从而获取物质利益。为了达到这一点，网站通常会制造大量的话题和

---

① 参见［荷］丹尼斯·麦奎尔：《麦奎尔大众传播理论》，崔保国、李琨译，清华大学出版社 2006 年版，第 25 页。

内容，具备多元化、个性化等特点，获得广大用户的关注。网站推手在促进网络环境下的互动中起到了非常重要的作用。

（二）参与性

参与性是主体在社会生活中的主动而为之的表现。通过参与，主体对社会生活进行自己的认识和表达，和别人分享思想和情感，促进主体之间的交流与理解，随着理解的加深让个体找到归属感与认同感，推动人与人之间的联系。现实环境中的参与受到很多的限制，传统媒介对于交流限定在单向性上，反馈不及时或不全面；传统的参与限定在面对面，面对面的机会、时间成本等都使人们的交流与参与受到很大的束缚；当参与只限于上述时，主体参与的热情和积极性就会大打折扣。网络的发展使得参与变得可能而简单。人们可以随时随地自由参与，跨越了时空的限制，大大降低了成本。尤其是网络参与具有有效性，使得主体参与的热情和积极性大大提升。① 在网络上，任何人只需要一台电脑，就可以自由自在地和别人展开交流；从对象来看，可以和朋友，可以和陌生人；从内容来看，可以针对生活琐事，也可以针对关系到国家命运、民生民主的大事自主发表意见，并与国家高层、各级政府进行沟通，得到相应的回应。参与获得回应，尤其是以前所不敢想象来自社会高层的积极回应，是主体参与的最佳鼓励与最大动力。网络环境较之现实环境，公民权利意识的参与性体现是最明显、最有实际意义的。

第三节　网络环境下公民权利意识的基础理论

关于公民权利意识的基础理论，由于我国长期以来的发展历史，

---

① Rasanen P. A. K. Linked or Divided by the Web Internet Use and Sociability in Four European Countries, *Information and society*, 2007, 10(2), pp. 219 – 241.

公民权利意识没有强大的理论支持。随着西学东渐，我国公民权利意识的构建从其丰厚的理论和实践中汲取养分。经历了不同历史时代，经历了近代资产阶级革命、现代民族国家的建立等社会进程的变化之后，西方国家中有两种主要的政治哲学传统：一是共和主义；二是自由主义。不同的传统下，公民与公民意识的内涵也不尽相同。共和主义传统其主要理论重点在于重视公民公共责任意识的培育，相比而言，自由主义传统的重点在于公民个体权利的重视和保护。围绕个人与社会、个体权利与公共利益所展开激烈碰撞的自由主义与社群主义对于培育中国公民的权利意识有重要的借鉴意义。

一、马克思主义关于公民权利意识的基本理论

（一）马克思主义公民观

1. 马克思主义公民观的批判精神

马克思主义公民观，首先需要对资本主义进行批判，对其中精华部分进行批评性的选择和继受。资本主义所强调和推崇的自由、平等、正义等公民理念，对我国具有一定的借鉴意义。自由、平等和正义等公民理念本身没有国家和阶级特性。需要我们从马克思主义的方法论角度入手，揭示资本主义所谓自由、平等和正义的虚伪性，进行反思，从而为我国建立并实现真正的自由、平等和正义等公民理念提供参考与借鉴。马克思主义公民观、方法论等重要理论，对于我们培育社会主义公民权利意识具有十分重要的指导意义。马克思主义中最重要的就是批判精神，用以指导社会主义公民理性看待、正确分析资本主义的公民权利意识观。当代中国马克思主义的宽广眼界，应该是历史的眼光①。马克思公民观启示我们，社会主义

---

① 参见陈锡喜：《马克思主义：意识形态和华语体系》，上海华东师范大学出版社 2011 年版，第 327 页。

公民权利意识培育如果只停留于对资本主义公民观的政治批判层面是没有意义的[①]，现阶段，公民已经具有一定的权利意识，相比以前，文化素质也有较大的提高，因此要改变以往的批判方式，不能采用缺乏说服力的教条主义。社会主义公民教育要让公民掌握马克思主义哲学，坚持唯物主义和辩证法的统一。只有正确坚持马克思主义哲学，才能对资本主义社会的经济根源和社会矛盾有深刻的理解和认识。要让马克思主义的相关理论深入人心，需要正确阐明处处标榜的所谓现代主义公民理念，并且分析其新变化的深层次本质。

2. 坚持集体主义本位

近代资产阶级思想家从抽象的人性论观点，以公民个体原则为首要原则，这必然推导出以个人本位为价值取向的公民观。马克思则从实际出发，在劳动中考察人的存在形态。马克思关于实践的观点必然得出人不能脱离社会，不能脱离整体，也就是个体与整体必须统一。个人绝不是孤立的个人，只有在社会之中，才能有个体的存在，其个体的权利才有意义。

社会主义社会是建立在生产资料公有制的基础上的，尽管公民与公民之间，公民与集体之间，肯定在一定范围内存在各种利益的冲突，但是从长远来看，公民与公民之间是内部协调的问题，公民与集体之间的利益大方向趋同。因此，在社会主义国家，公民权利，公民权利意识等思想领域的问题，必须坚持以集体主义为基本出发点。但是，正处于社会转型时期的中国，在市场经济体制的影响下，人们竞相追逐的是个人主义，在计划经济体制下形成的集体主义片面地强调集体利益而忽视个人利益，受到人们的心理抗拒与行为排

① 参见魏伟：《马克思的公民观及其对社会主义公民教育的启示》，载《北京交通大学学报》（社会科学版）2012 年第 4 期。

斥。现阶段在公民权利意识培育中坚持集体主义，必须注意扬弃旧有的集体主义与当代社会发展不相适应的地方，或者说努力构建新型集体主义。所谓新型的集体主义，不是片面强调集体利益高于一切，必要时牺牲个体利益，而是通过科学的设计，合理的规划，以个体利益的实现保证集体利益的实现，对个体的利益充分考量，切实尊重，提供足够的空间，创造更多更优惠的条件。当个体利益和集体利益出现矛盾的时候，让公民自由权衡和自主决定。将现阶段的爱国主义和社会主义核心价值体系，通过网络技术，进行有机的结合，不是说教和灌输，而是巧妙引导公民加强集体主义意识，科学地把握个人和集体的辩证统一关系。①

3. 注重公民权利意识培育的实践践行

任何的理论必须进行社会实践，实践性是马克思公民观的显著特点。这种公民观实现了与资本主义公民观在理论上的完全分离，因为资本主义公民观是建立在抽象人性论基础上的。在政治实践中，马克思通过对资本主义的公民观进行批判，深刻揭露了其公民观的虚伪性。通过对资本主义社会考察的不断深入，马克思从经济制度、经济基础与生产方式之间的联系等，考察资本主义的公民观，分析其公民权利的核心内容和实质指向。马克思的实践观告诉我们，在进行公民权利意识的培育时，无论何时、无论何种国情，都需要从实践入手，从实践中获取经验，进而进行理论的总结与提炼。当前的公民权利意识培养实践，应该从日常生活中的一点一滴进行，从身边的每一件事加以积极指导和明确规范。特别需要注意的是，当前的公民权利意识教育主要通过学校的理论教育来进行，各级学校开设了思想道德、思想政治等课程。课堂教育、理论教育是获取公

① 参见洪波：《马克思个人观研究》，中国社会科学出版社 2010 年版，第 167—186 页。

民权利意识的一个重要途径，但是如果只是停留在理论教育上，真正得到的是公民权利意识的些许片段，无法获得公民权利的实践能力。社会主义公民权利意识的培养，应该通过各种生动活泼的实践活动，让公民深切感受到民主、自由的现代社会气氛，引导其自觉自动获得公民权利的相关能力在社会实践中进行体验，从而不断地提高公民的权利能力。

（二）马克思关于公民权利意识的相关理论

1. 马克思明确了公民的主体意识

马克思指出，主体的本质来自一定社会关系，进行实践活动并不断总结。公民的主体意识，是公民对自己身份的一种确认，公民明确认识到自己是国家的主人。所谓公民意识就是指公民对自己主体地位的看法和了解。所以马克思提出，公民主体意识表现为，公民要能明确自己的主人公地位，以及能准确认识到自己在认知实践中的地位和作用。在社会生活中，主体意识表现为，公民充分认识自己具有独立的政治人格和政治地位，在从事相应社会行为和政治行为时能充分立足于此。这就要求公民需要认识到在法律规定下每个公民都是平等的，即具有平等的地位、资格和机会。公民的主体意识意义重大，没有主体性认识，公民就不可能去行使自己所享有的权利、承担相应的义务，更谈不上主动的政治参与、进行政治监督等。

2. 马克思为公民权利意识的基础内容提供理性支持

“民主观念实质就是一种权利意识”，权利和义务的关系从来都不是对立的，而是紧密联系的。不存在所谓单纯的权利，也不存在脱离了权利的义务。① 现代公民意识之所以区别于其他的社会意识，

---

① 参见马克思、恩格斯：《马克思恩格斯选集》，中共中央著作编译局译，人民出版社 1995 年版，第 610 页。

在于其核心内容就是权利义务意识。马克思认为，工人阶级的解放斗争，其实质是要争取工人阶级的平等权利和义务，而不是去争取所谓阶级特权或者获得垄断性的特权。因此，必须消灭一切阶级统治。公民权利是公民称其为独立个体的前提和基础，公民的权利意识，是指公民对其应当享有的权利的认识，这些权利是指为满足个体生存和发展需要的，如财产权、生命权、言论自由权以及社会政治参与权等，如果任何一项公民基本权利被剥夺，公民都不可能实现自我的自由，获得平等。马克思这些基础理论为现代公民权利意识的基础内容奠定了必要的理论前提。

3. 马克思主张的国家—市民社会，为公民权利意识提供外部环境理论支持

公民的权利意识建立前提在于公民对公民身份的认同与归属感的确立。从马克思主义的视角来看，只有在国家与社会的界区分明的时候，公民身份的认同和归属才具有现实意义，否则只会沦为统治者政治、思想统治的工具。“国家—市民社会”主要包含两层含义：其一，市民社会作为历史的发祥地，是人们认可身份的基础，这就使得公民身份的认同与归属不再具有虚幻性；其二，国家作为一种可以代表普遍利益的共同体形式，使得个人只有在这一共同体内才能确认个人公民身份，从而实现自由。这样，对公民身份认同与归属的理解就实现了由“观念意识形态”向“国家—市民社会”的分析框架过渡。①

4. 马克思在唯物史观视域中对自由平等的考察，为公民权利意识的觉醒奠定了思想依据

马克思“国家—市民社会”的分析框架，使公民对所处的共同社会环境有了一定的理解，为公民权利意识提供了理论支持。从唯

① 参见蒋红：《马克思市民社会理论》，人民出版社2007年版，第127—146页。

物史观看来，在未来共产主义社会，这是人类社会中最理想的社会，是以建立全面自由的个人为目标，充分重视人的价值，以实现个人理想和社会理想为共同理想，追求个人的发展，真正实现自由和平等，享有完全的福利等。上述内容为公民权利意识提供了基础内容支持，为公民权利意识的觉醒奠定了理论依据。

二、西方关于公民权利意识的基本理论

（一）自由主义公民观

自由主义公民观是立足于公民个人的权利意识为中心，是典型的“权利优先论”，其代表学者，有古典自由主义的约翰·密尔、新自由主义的罗尔斯、德沃金、以哈新古典自由主义的耶克、诺齐克，他们都把公民的个体权利放在了优先考虑的位置上。马歇尔1949年《公民权利与社会阶层》是研究公民权利最重要的一部专著，在这本书中，他对公民权利进行了充分的研究，他认为公民权利包括了：市民权利、政治权利、社会权利①，在马歇尔的观点中，公民权利的价值定位主要在消极的方面，或称之为消极公民权，也就是认为公民身份的完整体现来自国家，只有国家实现了自由和民主，公民才能实现完整的身份。当代学者阿克曼所著《自由国家的社会正义》对于自由主义阐述较为详尽，影响非常广泛。他提出的主要观点为，自由主义公民观是以公民个人权利意识为核心的，公民应该在完全平等的基础上，享有完全一致的权利。只有充分认识到平等和一致，才能获得真正的公民权利。

自由主义公民观以个人权利意识为其核心。公民身份变成了一种权利的实践，在其社会共同体内追求自己的权利并且假定其他人

---

① 参见陈鹏:《公民权社会学的先声——读T. H. 马歇尔“公民权与社会阶级”》，载《社会学研究》2008年第4期。

的权利。从自由主义的立场来看，人们所拥有的权利具有绝对性，权利的获得不是来源于自上而下的授予，而是作为人一出生就享有的，也就是通常所说的先天的权利。因而后天的法律对于公民个人的权利而言，只是对既有现状的承认。这些后天的法律不能对公民的权利进行限制，而只是一种承认和遵循。自由主义公民观中人的权利，是一种自然权利，这种观点的实质体现了一种超实际的绝对观念，自然法高度一致。

从自由主义权利论的内部逻辑来看，自由主义主要从个人权利的角度来看待和建构政治制度的基本框架，有着深刻的社会背景。这一时期的社会大前提是，基督教逐渐衰弱，对于社会的统治暂时没有新的力量出现，为了避免对社会造成冲击，因此建构了自由主义的公民观作为政治制度变革时的思想基础，具有一定积极和进步的意义。自由平等权利观念的建立对于推动近代社会革命，发展近代工业、法律制度等都起到了非常重要的启蒙作用，并且在整个历史进程发展中始终处于重要的地位，有效促进了人们对民主政治基本观念的接受和认可。

但是，随着时代的不断变迁，各种社会条件的不断改变，自由主义权利观的弊端也逐渐显现出来。主要是自由主义权利观体现出一种独断的极端倾向。过分地强调个人权利，将人们引导到以自我利益为重心的狭隘局面。导致人与人之间的协调和必要约束很难实现。对于处于集体之中的个体而言，不能为公益而对私利进行必然限制的话，只会导致私利的实现也变得处境艰难。

自由主义权利观弊端的出现，原因错综复杂。从自由主义权利论的内部逻辑来分析，自由主义权利观的局限有其深刻的原因。首先，自由主义权利观有一个重要的前提原则，即国家中立原则，主要是预定了国家在公民权利的实现过程中扮演中立、无所作为的角色，导致了国家权力与个人权利从开始就是根本对立的。其次，自由主义权利观的独断特色，使得公民权利意识发生变化，人与人之间的联系变得不再紧密。最后，极端的个人主义原则导致公民的集体意识无从谈起。

公民个体与社会整体，到底关系如何定位，在出现个人利益与公共利益冲突时以谁为主。自由主义是一个流变颇多并且内部纷争不已的派别①，如果从自由主义权利观出发，那么推行个人权利最大化，其最终就是集体利益受损，集体利益受损的最终必然是作为集体一分子的个体遭受损害。

（二）社群主义公民观

社群主义公民观是一种积极的公民观，其中心概念在于强化公益有限，提倡公民应积极参与社会政治生活，其主要目的在于培育公民的责任感。根据这一观点，公民的个人权利想要实现，必须将个体置于集体之中，将个体权利与共同体、社会责任紧密相连。社群主义强调个体和集体权利的同时存在。社群主义具有很大的真理性，因为自我都是社会历史中形成的。社群主义传统下的公民意识，与自由主义有着较大的不同，其内涵中必然以公民的权利意识和责任意识为双重重心。社群主义权利观认为，公民权利很重要，但是更应该重视对公民责任的培育，因为没有对公民责任的培育，公民权利意识将会偏离正确的方向。在社群主义权利观中的公民权利，主要表现为法定权利，而不是服从于自然法的要求，以道德要求为界限。社群主义的代表人物认为，所谓公民权利，就是以法律法规的形式，对公民之间的社会关系进行明确界定，借此保护和实现个人的利益。离开了法律规范和社会规则的规定，个人的正当行为就无法转变成正当性权利。发展到后期，社群主义权利观的主要理论

① 参见陈承生：《西方自由主义政治观的理性定位与历史流变》，载《成都大学学报》（教育科学版）2007 年第 21 期。

为道德义务论，代表人物查理斯·泰勒重要学说“强评价说”，这一学说认为，公民要拥有、实现自己的权利，首先应承担法律所界定其应负担的义务，在履行相应义务的时候，必须以所在社群的道德义务为指向。近年来，社群主义对公民德性的培育日益重视。其最主要的代表学者，戴维·米勒的公民资格理论影响力巨大。他指出，国民性与公民资格紧密联系，共同的民族认同使得公民能够聚集在一起；公民资格必须是一种社会角色，此种角色是以权利义务为基本界限加以限制的，公民资格的界定，来自对占有权利的肯定，更应该来自对内心信仰的遵循。公民首先应该对自己可以自我决定，进而影响到未来社会的面貌，因而应对集体决策做出应有的贡献，承担相应的责任。要实现前述，必须通过公民积极在政治上表现自我。并且，当公民进行政治行为时，其出发点不应是实现自我利益，而应是出于对公民责任的认同，因此其所从事的行为应与公民身份一致。

社群主义的兴起，为公民权利意识的构建提供了可供借鉴的经验。首先，社群主义的出发点，是考虑到历史的具体因素，结合个体的具体情况和经历，提供大量的理论资源，且视角较新。其次，社群主义在提倡公共利益为先的同时，兼顾个人利益。从实质来看，社群主义期望实现公共利益和工人利益的共同发展，在两者之间实现双方利益最大化。最后，社群主义提倡积极的国家观。主张国家的角色应该定位在主动积极，特别是社会公益方面，国家义不容辞应承担最大的责任。在社会和个人的关系上，社群主义强调整体高于个体，在社会公益或社群利益与个人利益发生冲突时，应该以社会公益、社群利益为重心有所倾向。社群主义还主张个体要积极地参与社会公共管理，积极参政议政，行使权利承担责任。针对自由主义的弊病，社群主义提出了公益优先于权利的命题，倡导积极的国家观，公民也应该积极地参与国家的事务，这些主张在公民权利意识培育方面会发挥重要作用。

三、公民权利意识理论在网络环境下的继承与扬弃

（一）对自由主义、社群主义公民观的辩证思考

自由主义是以强调个人权利为中心的权利观，对我国而言，具有一定的积极意义。我国长期以来强调义务与责任，对于公民个人权利概念非常淡化。因此，通过梳理自由主义的个人权利中心观念会有一定的积极意义。另外，我国目前所处的历史阶段和社会转型期所要面对的现实困境，都决定了公民权利意识的建设不能一蹴而就。在开展公民权利意识培育的时候，不仅仅局限在增进公民权利意识的理论与实践，更需要以公民德性和公民责任意识等作为基础意识共同进行培养。现代公民意识的重中之重，就是以权利意识和责任意识为并行的中心，不能有失偏颇。这也是在认真总结自由主义和社群主义的基础理论上所得出的最重要的结论。在看到自由主义出现的极端倾向后，如果转而依靠社群主义，过分强调社群的优先性而限制个体的独立性，忽视公民的主动性与独立个性，其结果也令人忧虑。当代的自由主义与社群主义呈现了各自的变化，以适应不同的社会形势和社会条件，其中最大的一个表现就是两者逐渐融合。自由主义发展为新自由主义，观点和理论上也开始重视公共利益、义务和责任；社群主义发展为新社群主义，重心也开始侧重公民个体的独立性。这种现象被称为社群式自由主义和自由式的社群主义。这种现象的实质，是自由主义和社群主义针对当代形势发展而进行的理论调整，也体现出了一种理论互补的趋势。

社群主义所提倡的社群高于个人，在社群利益与个体利益冲突的时候，应是社群优先于个体等观点，与中国的集体主义有着非常相似的地方。但两者之间联系是一方面，而区别是更主要的方面。社群主义是在西方语境中产生的社会思潮，中国传统的集体主义根植于马克思主义。从经济基础来看，社群主义的经济基础是资本主

义私有制，集体主义的经济基础是社会主义公有制，两者的生产方式和基本经济关系等存在着完全的不同；从社会背景来看，社群主义的社会基础是对在西方个人主义走向极端后，为解决其所导致的不可调和的社会问题而进行的理论重构和反思，集体主义则是马克思在对工人运动的经验进行逻辑分析和历史考察的基础之上进行的高度的理论总结和提炼；从最终目标来看，社群主义的最终目标是企图修复和完善西方社会中个人自由主义的弊端，协调和解决个人自由主义的自由界限。集体主义之所以推崇集体利益高于个人利益，是因为个人利益和集体利益的实质一致性，外化为一体化目标。

（二）马克思主义公民观的现代化意义

马克思主义公民观对今天研究公民权利意识的培育具有重大的意义。马克思主义是一门宏大的科学，其中很多经典的理论论述，对于当代培育公民权利有着非常重要的理论意义和实践意义。尤其是在当代资本主义所宣扬的自由平等权利观、公民观的情况下，为我们正确认识、客观分析提供了不可替代的工具支持。

首先，马克思主义公民观提供了方法论的借鉴。任何的科学，方法论都具有十分重要的理论指导意义。坚持马克思主义指导下历史的、辩证的各种方法，对于现今的公民权利意识具有非常重要的作用。这是马克思主义当代化和中国化的研究过程中的应有之义。在分析社会结构、社会基础的具体内容和作用机制基础上，结合当前复杂的国际形势和政治局面，把握和借鉴马克思主义中的实践唯物主义，将个人与外部世界进行有机的统一。马克思再三提出的实践主义所有的意义怎么强调都不为过，体现了符合客观规律的科学性，也体现了人之所以为人，人类社会之所以进步和发展的价值所在。运用马克思的实践观来解决实际问题，在实际情况发生新变化的时候，实事求是地去创新，是马克思主义公民观时代价值的重要体现和理性运用。

其次，马克思主义公民观提供了具体的理论支持。马克思提出了很多具有总体性地位的观点。一方面，“现实的人”是马克思研究个人问题的出发点，正确认识社会主义市场经济条件下出现的个人境遇的不同，正确处理公民个体发展与社会发展，肯定公民个人的权利是个人实现自身价值的标志。马克思所揭示的现实的人的发展是一个过程，对于个人存在方式、人的本质和本质的力量与现实社会关系之间的关系，对于正确认识当前中国社会转型时期，尤其是市场经济发展下公民个人的地位和作用有着十分重要的现实意义。另一方面，马克思把个人放置在社会关系中加以研究，将个人的本质界定在社会关系的综合上，正确分析个人的相对独立性，充分认识到个人的一切活动的历史发展。马克思从来没有提出过人性的抽象性，任何脱离了具体的人、脱离人的个性的提法都将是毫无实际意义的。社会的变革实质在于对社会关系的调整和变化，只有将个人放置在社会关系之中，才能充分认识和揭示人的本质。

最后，在马克思的相关论述中，以研究人的解放和自由等具体现象、以个体到阶级、整个人类社会对美好制度的向往和追求的角度来对个人的本质进行科学的理解和解释，研究作为公民个体权利的历史渊源、表现形式和本质规律，确定其地位和作用。其所主张的现实的个人、社会物质生活条件和物质实践活动，形成了系统的理论框架，为解释公民权利的本质，揭示西方公民权利现象，提供了有力的理论武器。近现代西方的人权观、公民观所提倡的以自然法为基础的设定人的自然的、普遍的权利所主张的自由、平等、财产、安全等具有一定的进步意义。但其主要问题在于，将权利抽象为一种来自自然的、普遍的、永恒的权利。马克思在充分肯定资产阶级人权观、公民观等权利现象的历史进步意义的基础上，分析了资产阶级的权利现象所具有的欺骗性和虚伪性。深刻地揭示了资产阶级的利己主义，其所提倡的普遍、抽象的人性论只是用于掩盖财产私有的利己权利；在充分探讨私有制的种种表象和实质，从竞争和垄断的角度揭露资本主义的权利现象具有较强的虚伪性和欺骗性。所谓的公平、正义、自由和平等，在财产不平等的前提下，只能是空话。马克思在充分肯定资产阶级公民权利观、权利现象促进了资本主义政治文明发展的历史进步性基础之上，深刻剖析了资产阶级的人权、公民权利等所存在的深层次、不可克服的冲突和矛盾，阐述了资产阶级人权与民主的虚伪性。这对于我们今天在培育公民权利意识时，正确认识西方的公民权利，合理借鉴以及对资本主义公民观，并对其糟粕进行扬弃具有非常重要的现实意义。

第二章　网络环境下公民权利意识的现状及问题分析

本章主要是对网络环境下公民权利意识的现状及问题进行分析。应该看到网络环境下公民权利意识已经取得很大的发展，凸显出了网络对公民权利意识培育的促进作用。通过分析和把握网络背景下我国公民权利意识萌发、发展的运动规律，并对我国当前所处的时代背景和面临的国内和国际挑战作出客观考察和适当分析，在当前网络环境下公民权利意识发展中，不可忽视的主要问题在于三个方面：一是网络环境下公民对权利范围没有明确认识；二是网络环境下公民对权利的规范运行没有树立正确观念；三是网络环境下权利保障欠缺导致公民权利意识异化。

第一节　网络环境下公民权利意识的发展现状

一、网络促进公民权利意识的萌发

网络在我国的出现与发展为公民权利意识的成长提供了重要的发展机遇。可以肯定地说，互联网在我国最突出的贡献就是唤醒了公民的权利意识。网络本身所具有的其他媒体所不具备的虚拟性、开放性、平等性和互动性等特点，极大地促进了我国公民权利意识的发展与培育。网络的开放性对于实现权利观念中的平等观念具有非常重要的意义。任何地方、任何时候，只要打开电脑，就可以加入到社会生活、政治生活中来，无论你的工作、家庭、教育背景、财产状况如何。网络的去中心性、匿名性对于深层次实现权利观念中的平等发挥着非常积极的作用。网络环境下，人们坐在电脑面前，不再暴露真实的身份，抛开了在面对面的现实环境下对于自身的顾虑，因而所思所想所表达的更加真实；有利于培养自由、平等、民主等现代权利观念，互联网最明显、最直接的特点就是每个公民都能平等而自由地参与到其中，开始发挥自己公民的主体角色并影响政治、社会生活。网络本身的特点，以及人们对网络的迅速运用与认同，使得网络已然成为公民权利意识觉醒、发展的最主要平台。

网络环境下公民权利意识源起有来自社会的、经济的、法律的背景因素，其中最主要的是两个方面：一是社会转型；二是网络发展。

源起的背景之一：社会转型。我国公民权利意识发展的重要社会背景就是社会转型。我国的社会学者之所以提出“社会转型”这一概念，最初来源于研究中国现代化社会变迁。这个概念一经提出就获得众多学者的一致肯定，认为它“能够成为我国社会学研究当代中国社会变迁的理论支点。”这个概念在随后各个领域各个学科中成为一个重要的、频繁采用的理论分析模型。分析社会转型概念的内涵，从社会学的角度来看，“社会转型是指中国社会从传统社会向现代社会、从农业社会向工业社会、从封闭性社会向开放性社会的社会变迁和发展”。通说认为，社会转型是一个社会学术语，具有特定的含义，强调社会转变是从传统型向现代型转变，换个角度来说是一个由传统型社会向现代型社会转型的过程，在某种意义上社会转型和“社会现代化是重合的，几乎是同义的”。具体来看，社会转型就是指我国需要从传统的、以较为封闭或半封闭为主的乡村劳动方式的农业社会，向新型的、以开放为主的工业化、现代型社会的转型。“中国现实社会的转型，不仅是由传统农业社会向现代工业社会的转变，而且更为特殊的是由计划经济向市场经济的转变”。随着社会结构、政治体制以及经济体制的变革，尤其是实行市场经济以来，其所要求实现的利益个别化、市场竞争自由化以及主体行为的独立化，为公民权利意识的萌发奠定了基础。社会转型，以社会主义精神文明和政治文明的建设和发展为其主要动力，对公民权利意识的作用，从刚开始的促进公民权利意识提高，进而推动公民权利意识在国家社会生活和政治生活中发出声音、产生作用。具体表现为，公民开始重视自己的权利，学习和掌握相关的法律知识，并开始尝试运用法律来维护自己的权利不受侵害；然后这种自觉性的公民权利意识促使公民开始对现行法律制度进行思考，对于某些违反宪法，以及一些随着时代变迁已然不适合的具体制度，作出自己的分析和判断，向有关机关提出相应的审查等请求。社会转型促进了公民权利意识的兴起，推动公民积极参与到社会生活和政治生活中来，从而也为我国社会转型的成功奠定了一定的群众思想基础。

源起的背景之二，网络发展。互联网政治生态催醒公民权利意识。当前中国已然成为网络大国，主要是因为网民数量庞大。由于网络所具有的技术特性，特别是网络适用的普及，使得网络成为人们加入社会生活的重要平台。在网络中人们热情自由地进行表达，网络公民成为网络世界中各种讨论最积极最主要的力量。他们可以通过各种各样的方式，如可以在论坛发帖，可以建立微博乃至微信等各种方式以最快的速度向人们传播你所看到的、所发生的各种事情，让各种各样的人能够接收到你的观点，同时也接收到大量的各种各样的闻所未闻、见所未见的信息和观点。网络成为各种信息的汇集地。这些信息中，最容易得到重视的就是涉及公民权利的运行以及公共权力运行的各种事件和信息。表现为以前没想过没见过的权利事件现在听到看到了，从而鼓励公民权利意识进一步萌发和体验。然后人们又能在网络中和更多的人群交流自己对权利的体验，从而促使整个社会的公民权利意识的提升。这种趋势不会因为争取到某个已经意识到的权利戛然而止，而会因为一项项权利的实现让更多的公民意识到更多的权利，同时也会激起公民争取更多权利的意识。

源起代表事件分析：以 2003 年孙志刚事件为例，孙志刚在收容所的意外死亡，最初由其朋友在一个论坛爆出相关司法部门对这个事件的不公正处理。然后南方都市报以《被收容者孙志刚之死》为题，首次详细披露了孙志刚惨死事件。在广大网民和专家学者的呼吁下，全国范围内展开了大讨论，引起了相关部门的高度重视，并引发了中央媒体的介入，案件通过公开审理使得孙志刚沉冤得雪，国家废止了《城市流浪乞讨人员收容遣送办法》。“孙志刚事件”在我国网络事件和法制进程中具有典型的代表意义。从网络事件角度来看，这一事件主要是大量分散的网友，通过网络聚集在一起，开始对这一事件真相的追求和质问。根据有关网站数据，该事件在网络上公布后一个星期内，各大网站上出现的字样以“求真相”、“求解释”等为主，并且反复出现，很快就逾越百万次，人们对真相的追求和探究结合展开为现实中的集体行动。正是由于网络对于人们从关注到集体讨论形成一致性行动的推动，政府开始重视并调查继而公布事件的真相。人们从开始关注、讨论这一案件的真正原因所在，进而发展为对案件背后的法律法规是否合适，以及执法机关的行为方式是否存在问题进行更加激烈的讨论。更多的网民开始加入这一集体讨论中，并且出现了由网络讨论到开展现实集会。这其中，网络的作用是非常明显的。

孙志刚案展现出了公民权利意识的威力。孙志刚案件的重大意义在于开启了以权利监督权力在我国的先河。权利监督权力，在当代中国具有重大的理论意义和深刻的现实意义，是现代公民社会的民主理念。要形成这一民主理念的思想前提必须是公民权利意识的普及。孙志刚案件产生和发展的全过程，促进了我国公民参与从公民权利的角度出发，重视自己权利保护的讨论中，开创了以宪法角度来检查不适合的旧制度的先河。孙志刚案件的历史意义不仅仅是废除了收容遣送制度，而是在于开始促进人们对自己权利的重视，对身边一切违背宪法、限制和剥夺公民权利制度的现象进行思考。孙志刚案件的顺利完结，是公民权利意识的一次重要萌发运动，代表着公民权利意识不断增强，其所带来的连锁效应，即引发更多与宪法和民主精神相违背的法规、制度被废除，对与此案类似的维权行为和立法建议将产生的巨大推动作用，进而又将促进公民权利意识的更进一步发展。孙志刚案件的典型意义在于网络在该案件中起到的推动和促进作用。网络传播的发酵性、延展性得到了体现。有人说，网络是中国社会的出气孔和安全阀。在网络中，普通的人们，也就是所谓草根网民的诉求找到了释放的空间与平台。网络这个平台，并不是单向的，这一平台也有利于国家、政府和全社会发现问题，及时解决问题，避免小事拖大，最终出现群体性事件。孙志刚案件最大的意义在于告诉我们合理运用网络平台，重视并引导网络民意表达，有助于突破传统和现实空间的束缚，有利于促进深化政治改革、推进法制建设，有效增加体制的弹性和张力。

二、网络促进公民权利意识的觉醒

2007 年，网络继续点燃中国公民的权利意识，并且呈燎原之势发展，网络民意表达从此进入快速发展时期。根据中国互联网信息中心的调查显示：有 41.9% 的网民认为“互联网是其发表意见的主要渠道”，76.9% 的网民认为“上网以后比以前更加关注社会事件”。这些数据和信息表明，随着网络技术的进步和提升，人们可以更加自由的进行网络交流，各种充分的交流和讨论为人们提供了一个重要的途径，可以清楚地了解自己所享有权利、该种权利对自己的重要意义，以及权利受侵害时救济的途径。网络技术的无国界性，大大开阔了人们的视野，推进了思想的广度和深度；来自网络上的各种声音和观点的交流，进一步激发了公民对自己所享有的权利的认知，潜移默化中影响着人们的权利观念。

通过互联网这个平台，越来越多的人加入其中。通过交流，人们开始了解自己所享有的权利，并对权利的看法逐渐达成一致。在各大论坛中最热的一句话，“我不同意你说的每一句话，但我誓死捍卫你说话的权利”，表明了公民已经深刻地领悟到，尊重别人的权利就是尊重自己的权利，肆意侵害他人权利的，最终会导致自己的权利也遭受他人权利的侵害。BBS、博客、微博、QQ 等网络表达形式，极大地丰富了公民接收和传播信息的途径和方式。

觉醒代表事件分析：2007 年 10 月 12 日，陕西省林业厅召开新闻发布会，宣布陕西发现华南虎，并公布据称为陕西省安康市镇坪县城关镇文采村村民周正龙于 2007 年 10 月 3 日拍摄到野生华南虎的照片。仅在三天之后，天涯社区便有网友发帖质疑新闻公布的老虎图片有“PS”之嫌，要求网友帮忙鉴定。11 月 16 日，一网友称“华南虎”的原型实为自家墙上年画。同时，义乌年画厂证实确曾生产过老虎年画。12 月 20 日，媒体报道，有网友爆料称：2007 年 1

月至 2 月间，镇坪县林业局曾向陕西省林业厅派遣的华南虎调查队送礼送钱。次日，镇坪县林业局局长覃大鹏向媒体回应：“账本一事是对镇坪和华南虎调查队的诬陷。”之后，林业厅第一次召开新闻发布会回应网民的疑问，网站及平面媒体开始进行深度报道与分析，这引发了网民们热烈的技术分析，并与网络媒体等展开积极的互动；“打虎派”与“挺虎派”的博弈，以及到最后林业厅召开第二次新闻发布会，公开致歉。应该说，整个事件中，正是来自网络的追问与怀疑，对这一事件起到了主导作用。在这一过程中，众多的公民利用自己的专业知识，通过自己所掌握的法律知识和权利行使原则，主动寻求事实和真相，并及时将信息通过网络加以展示，体现出了公民对权利的追求和维护。

2007 年的网络发展，注定是不平凡的一年。这一年所发生的众多的网络事件清楚地展现了公民究竟在关注什么，公民权利意识是怎样觉醒的。在《物权法》颁布实施的大背景下，重庆“史上最牛钉子户”杨武高举鲜艳的五星红旗，在孤岛般的自家小楼顶挥舞，向外界展示保卫私产的决心时，许多人都被震撼了。开始只是件微小的纠纷，一场悬而未决的拆迁割据战，有了网络的传播，在网民的热议和推动下，却力压房价、猪肉成为最热门的话题，配合着由网络引发的巨大社会能量，事件最终得到圆满的解决。此事也被上升到了物权法、公民社会胜利的高度。在事件发展中，最经典、最值得推崇的是网络与传统媒体、草根阶层与经营阶层、政府决策者与公众之间的互动。山西黑砖窑事件的曝光最初也是来源于网络。一则《孩子被卖山西黑砖窑 400 位父亲泣血呼救》的论坛帖子震撼了大众的眼球。短短 6 天时间，点击率高达 58 万，3000 多篇回帖。随后，各类媒体大规模报道此事，引起了中国高层领导人的密切关注。胡锦涛、温家宝等领导同志都做了重要批示。不久后，包括窑主、包工头、劳监人员在内的多名相关人员被刑拘或处理。原山西省省长于幼军对“黑砖窑”事件进行深刻反思时认为，黑砖窑事件的一个重要教训，在于“没有敏锐把握网络、媒体的舆论动向，及时作出正确的回应”。“个人的力量是单薄的，但是传递的力量是巨大的。”这些事件表明，网络开始与现实结合互动，有效参与到社会管理中，通过对公共事件的讨论，形成舆论监督，以媒体的力量吸引政府的注意力，从而促进典型案件的顺利解决。这些事件首先从网络开始流出，继而被各种网站转载报道，引发大量网友热烈议论，吸引了各种媒体的综合报道，使得网络舆论逐渐达到高潮，获得政府的重视，采取相关行动使得事件顺利解决。以此循环，最牛钉子户事件、厦门 PX 项目事件等，对于网络和公民来说，都是一次又一次的成功经验。特别是，在党中央机关的重要话筒《人民日报》上刊发的评论文章《2007，倾听中国网民》，对网民和网络在陕西华南虎虎照的真伪之辩、“黑砖窑”的曝光、史上最牛钉子户等事件所起的作用进行了评价，评价中给予了认可。至此，这些事件的意义上升到最高点，获得了最高层对网络表达和参与的认可。

这个阶段中最为明显的一点是，公民不仅仅停留在对自己权利的认识，而是公民认识到，并且深深体会到权利对于公民自身的重要意义。公民权利意识高涨发展到一定阶段，必然表现为公民对权利的诉求。公民的权利意识体现为不同利益的诉求，公民更加注重对自己权利的保护和争取新的权利。社会贫富差距的拉大，财富分配的不公，教育资源有限、就业歧视问题等的存在，不可避免使得处于弱势地位的群体开始对权利进行思考和争取。各种具体的社会问题，如房价居高不下、物价飞涨、收入下降、社保体系不健全等，引发了人们对具体权利的呼吁。在关系到公民自身重大利益的一些法律，如《劳动合同法》和《物权法》，制定前后都引发了网上各种激烈的讨论和争议，表明了公民对自己权利的关心，对自己权利的积极追求。公民通过互联网表达自己的立法诉求，表明公民认识到要更好地保护自己的权利首先必须要积极参与立法活动，才能把自己积极追求的权利通过立法变成现实。同时，立法参与的过程也是培育公民权利意识的重要方式。通过参与国家的立法活动，公民积极推动自己的权利诉求就能通过立法的形式得以实现；公民可以了解到自己应当享有的基本权利和自由；公民可以有力地促进自己权利的实现和进行有力的救济；公民可以积极实现自己的权利诉求。这样，公民不仅实现了自己的表达自由，而且还可以针对国家的重大方针建言献策，无形之中增强了公民的权利意识。

三、网络促进公民权利意识的理性发展

根据中国互联网络信息中心2011年7月发布的《中国互联网络发展状况统计报告》显示，截至2011年6月底，我国博客和个人空间的用户规模为3.18亿人，博客已经成为继搜索引擎、即时通信、网络音乐、网络新闻等之后的第五大网络应用。作为一种新的传播形态，博客既具有网络传播的一般特点，更具有异于其他交流方式的传播特性：其一，自主化。博客不同于广播、电视、报纸、媒体网站、商业网站等，需要代表主流意见，博客是私人或半私人的网页，供人们在上面自由言论，是真正意义上的自媒体。其二，平民化。博客是一种超级简单的个人网页工具，在技术层面实现了“零进入门槛”。博客是一种傻瓜式的工具，没有任何技术含量，没有任何新技术，不需要注册域名，不需要租用服务器空间，不需要复杂的网络技术和软件，不需要很多的网页制作知识。其三，感性化。博客写作源于内心冲动，是“一种体验式写作”，文章没有内容限制，没有字数要求，甚至也没有质量要求，只需手指与键盘的有机配合便可用文字表达所思、所想、所感。博客借助电脑和网络技术为现代人提供了一个精神交流的归宿。微博实际上就是缩微的博客。相较于传统博客，微博具有信息量大、传播迅速的特性，使得它的

信息传播规模大，流动性强。微博在中国虽然诞生不久，但发展极快，成为异军突起的网络社交新贵。微博的特性让其能在短时间内聚集起大量用户：其一，微博形式精简，功能强大，支持文字、图片、视频等多媒体信息，用户体验良好；其二，由于微博用户间关系的双向性，使用者可以构建起一个强关系和弱关系并存的网络，从而同时满足了其多层次的社交需求；其三，用户通过关注与被关注，在微博上结成一个庞大的传播网络，信息能够在短时间内病毒式地大规模扩散，从而使微博迅速成为当前极具时效性和影响力的媒体。手机微博开通后，人们随时随地都可以将自己的所思所想记录下来，其方便与简捷不言而喻。

发展时期代表事件“微博打拐”分析：2011 年 1 月 17 日，著名学者中国社科院农村发展研究所教授于建嵘收到一名被拐孩子母亲的信。信的大意是，福建泉州一个叫杨伟鑫的 6 岁男孩，2009 年被人拐骗并致残、成了街头乞丐，2010 年年初有网友在厦门街头发现并拍照，家人寻找未果，现在仍然下落不明。之后，于建嵘在新浪及腾讯两大门户网站设专题微博“随手拍照解救乞讨儿童”，并聘请志愿者专门管理。该微博经热心网友不断转发，形成强大的舆论传播力量。微博发布仅 10 余天，就吸引粉丝 57 万人。网友纷纷将所见到的乞讨儿童照片上传至个人微博，经过大量转发寻找线索，并不断与公安部门、新闻媒体互动交流，掀起了难以阻挡的“打拐”热潮。微博打拐引发各方关注。微博打拐行动在互联网上大规模展开后，政府主管部门首先作出回应。公安部打拐办主任陈士渠对此表示支持，并亲自加入了微博打拐的行列。同时，广东、河北、陕西等各地公安部门负责人都表示大力支持微博打拐，很多公安部门的微博也加入其中。随后，人民日报、解放日报、中央电视台等中央媒体发布专题报道，地方各大媒体也迅速跟进，媒体的报道使微博打拐进一步扩大了在全社会的影响力，许多知名人士与网民一道加入到转发微博、救助儿童的行动中来。至此，微博打拐在全社会产生了巨大的联动效应，一场社会各方共同参与的拯救被拐儿童的专项行动在全国范围内轰轰烈烈地展开了。

微博打拐由知名媒体人和著名学者率先发起，得到了广大网民的积极响应和知名人士、社会组织的支持，与公安、民政、教育等政府部门一道共同解救被拐未成年人，打击拐卖儿童的违法犯罪行为。微博打拐之所以能够成功，最重要的原因是依靠大量网民转发微博，寻找线索，因此网民是微博打拐政策网络中的主要行动者之一。作为个体的网民资源和能力有限，但是互联网产生的规模效应使网民作为一个集体具有了一种强大的资源：大规模的信息传递。作为打击拐卖儿童政策的执行主体，政府相关部门也是政策网络中重要的行动者。他们的行动目标是依法执行打击拐卖儿童的公共政策、解救被拐儿童、打击拐卖儿童的违法犯罪行为。在微博打拐案例中，网民、政府、社会知名人士、公益组织、媒体等多元行动者为了解救被拐儿童通过微博这一信息发布平台展开了手手相传的大救援，形成了公民网络参与政策执行的政策网络。

微博打拐事件的圆满解决，以公民权利意识的兴起为线索，以公民权利意识的发展，以公民通过网络参与表达诉求、监督和促进公权力的运行，以维护公民自身的合法权益、追求民主自由作为最终目标。公民通过网络公共空间，对典型事件形成群体化的共同认知和趋同意见，形成网络公共舆论，在与传统媒体的互动中，形成社会的主流民意。有学者认为，微博打拐事件是网络时代典型的公民行动。其最初是在知名学者的带动下，通过微博这一新型的网络平台，使得这一事件在促进公民权利意识的培育方面意义非常重大。一方面，微博打拐事件体现了公民权利意识的理性。公民在该事件中体现了成熟的权利意识，首先是对事物进行理性分析，在法律规则和道德尺度之内自觉运用法律手段来维护自己的知情权和参与权，从而保护公民的最基本的权益。国家与公民通过网络，展开合作、协商和博弈，以捍卫公众的“知情权、参与权、表达权、监督权”为目标，保护公众的参与热情，维护政府公信力，促进公民权利意识成为保障国家权力的合法性与理性基础，形成公民与国家之间适宜于现代化发展的良性互动结构。另一方面，微博打拐事件见证了公民权利意识成长。微博打拐事件定性为一次成功的公民行动，在于其参与公民的广泛性以及开展得有声有色。在前述的案例中，如华南虎照等案件中，公民观察团所起到的作用仅仅只是监督，而微博打拐事件则表现在公民对自己权利的重视和参与下所展开的行动。一直以来，打拐都是政府的工作、政府的职责，具体是由公安部门组织和进行的。而这次由于有了微博，公民参与到“打拐”中成为可能与现实。网络技术的发展为公民权利意识的萌发和公民的维权行动提供了参与的机会和广阔的舞台。体现出了全体公民整体权利意识的高涨与投入。在这当中不仅有大量社会名人，从高校教授到娱乐明星都参与街拍；还有多个慈善基金表现了较强的社会责任意识，通过建立数据库和培训志愿者参与其中；从官方来看，各地警方也积极响应，根据线索及时出警开展调查核实，从而使得该行动产生实质的效果；公安部以及许多地方人民政府都明确表态支持这样的民间行动，部分全国人大代表还表示准备在今年两会上就此提案。这当中，微博这一新型网络平台的技术支持功不可没。公民权利意识的成熟与理性也得到了极大的推动与体现。不仅仅是单个公民的权利意识的蓬勃发展，而是整个社会的全体公民都在各自的角色、各自的岗位上体现着公民权利意识的理性、规范与有序。由网络释放的公民权利意识，在官方积极的认可与引导下，转化为推动法治进步的强大助力。

综上，网络环境下公民权利意识得到了丰富与发展。公民权利意识作为现代公民社会的意识体现，是现代民主政治确立和发展的心理基础；是市场经济主体独立性的思想保障；也是法治现代化、观念现代化建立的重要标志。无疑，公民权利意识的培育是一项长期的、艰巨的历史任务。当前，公民权利意识的发展正处在无限的机遇与挑战中。网络的出现最大最明显的贡献就是对公民权利意识的促进和发展。其实质在于，网络提供了一个自由而平等的平台，通过公民对于各种事件在网络中的评议和参与，了解和思考自己应当享有的权利和自由，以维护自身的合法权益为契机，以追求民主自由保障自己的公民权利为目标，从而普遍树立了公民的权利意识，使得公民权利意识从兴起到觉醒，再到发展和成熟。而网络本身所具有的特性，使得公民权利意识充分实现了平等性和广泛性，充分保证了独立性和真实性，充分开展了互动性和参与性。因而，网络以其独特的魅力推动了公民权利意识从启蒙到觉醒再到发展的历程，使公民权利意识出现高潮，推动公民成为一股重要的政治力量登上政治舞台，改变公共政策的走向，将民意输送到政治运行体系中去，也为中国的民主政治发展做出巨大贡献。但是我们应该清醒地看到，网络不是万能的，公民权利意识在网络中的发生与发展还处于起步阶段。如果现在就妄下结论，认为公民的权利意识在网络环境下自然而然就会成熟无疑是盲目和不现实的。随着网络技术的发展，公民的权利意识不断增强，公民网络参与的深度和广度也不断扩大。而网络环境技术的进一步提升，以及国家、政府与公民在网络环境下的合理互动，将会促进公民权利意识的充分培育与完善。

网络环境下公民权利意识的发展已然成为政治生活和公共生活未来的趋势，如何准确分析公民权利意识的发育现状，找出网络环境下公民权利意识发展中的症结所在，合理规避网络事件对社会生活的不良影响，如何采取有效措施和途径来实现网络时代公民的权利意识的良性发展，是一个极具现实性和紧迫性的课题，关系到我国成功转型到现代化国家、法治进程的顺利进行、和谐社会构建等具有时代意义的现实问题。

第二节　网络环境下公民权利意识的现存问题

一、网络环境下公民对权利范围的认识障碍

（一）网络环境下公民权利认知程度较低

近年来，互联网在我国大部分地区特别是经济发展较为落后地区的普及率得到了大幅度提升。但在现实中，并不是所有的公民都有平等的机会和能力实现网络参与。从年龄结构上看，老龄人口比例过低。从职业结构上看，学生由于有充分的时间，占到网民的26.8%，位于首位。[①] 从城乡结构上看，网民中农业人口比例偏低。从地区分布来看，地区发展差异非常大，从东部、中西部相关数据来看，有十分显著的差距。具体而言，东部网民网页浏览量甚至超过了中西部网民的总和，达到了全国网民网页浏览量的67%。

虽然公民使用网络数量得到极大提升，但公民在网络环境下权利认知却没有得到相应的提升。权利认知是指社会主体关于权利概念、权利制度及权利在社会生活中运行等现象所形成的认识和基本判断。权利认知是权利意识的起点，也就是说，权利认知是权利意识的基础。作为社会主体最基本的权利认知，应该是知晓自己是否享有权利、享有权利的类型和内容、行使权利空间和范围以及行使、救济权利的程序与条件。网络环境为公民带来新的平台，提供认知权利、实现权利的机会，但是由于社会环境的局限以及教育程度的差异性，导致网络环境下的权利认识并没有达到应有的程度，也就是网络背景下公民的权利认知程度较低，低于经济和网络发展所需要的应有水平。从认识主体来看，不只是普通的网民，甚至包括号召力和影

---

① CNNIC：2014 年第 33 次中国互联网络发展状况统计报告。

响力巨大的网络名人，也普遍缺乏对网络中公民权利的正确认知。所谓“微博大V”频频触犯法律和道德的底线、受到法律制裁，就充分地说明了这一点；从认识的内容来看，人们对虚拟空间里到底享有什么权利、权利的具体内容、权利应受到什么的限制没有正确认识。莱塞尔所说的“法律是社会规范的特殊形式”。① 一个和谐有序社会的形成，需要法律规范的调整，也需要道德伦理与之共同协调；需要公民个体的自发，也需要社会组织与之共同建设，共同实现人格尊严的维护在现实环境和网络环境中的一体保护、和谐发展。

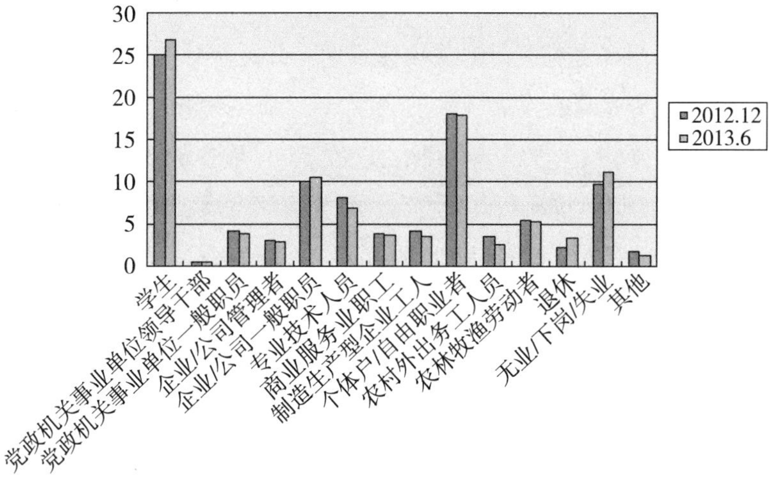

图2.1　网民职业结构

Fig. 2.1　Internet Users' Occupational Structure

（二）网络环境下公民集体权利意识薄弱

公民集体权利意识是与公民个体权利意识相对的一个概念。前文所讲述的公民权利意识即指公民个体权利意识。公民个体权利意识，是指社会中单独个人的权利意识，是从微观的角度来对权利意

---

① 参见汤玲：《论网络时代公民的话语权利与社会责任——“上海地铁二运事件”的多维透视》，载《桂海论丛》2012年第28期。

识主体范围进行的界定。[1] 集体权利意识，是指通过一定的社会关系发生关联，体现为互动关系或联动机制共同开展活动，通常是以一定范围为界限的人们所表现出来的权利意识。

目前来看，中国公民的个体权利意识得到了很好的兴起与发展。在我国，随着1982年宪法确立了公民的基本权利与义务，社会上层出不穷、方兴未艾的个人维权事件的出现，表征着中国公民个人权利意识的兴起和发展。法律上对公民个体权利的明确确立和保护，突出了对公民个体权利的高度重视。网络对于人们的生活和工作产生的巨大影响，更为深刻的是对人们的思想和精神层面发挥的潜移默化的作用，其改变之大难以具体阐述。公民个体权利意识在社会生活中得到了充分的发展，表现为个人权利的积极主张、个人维权事件层出不穷。[2] 在看到市场经济极大推动公民个人权利意识发展的同时，公民的集体权利意识却没有得到相应的发展。我国公民的权利意识发展经过了一个长期而曲折的过程。在西方公民权利意识的发展历史中，强调公民个体自由和公民权利，始终是西方公民权利意识的主题。而我国长期以来，从最初的封建社会的臣民意识延续下来，到新中国成立后很长一段时间都是重义务而轻权利，权力集中而对权利有所限制和压抑。因此，很多的公民从权利意识得到释放之后，走向了另一个极端，认为个人权利是至高无上的，个人权利在任何时间、任何地点都应该是绝对的、排他的，行使个人权利时则体现为一定的纯粹利己主义，无视集体权利。稍微好一点的情况，顶多不过是“主观为自己，客观为他人”。

（三）网络环境下公民对典型权利认知模糊

在这样一个网络爆炸式发展的时代，各种群体事件层出不穷，

---

① 参见左玉迪:《权利意识简论》，载《南阳师范学院学报》2008年第7期。

② 参见陈联俊:《网络社会中群体意识的发生与引导》，载《政治学研究》2010年第2期。

针对当下网络环境下所面临的典型权利受损现象进行分析。

表 2.1 网络事件

Tab. 2.1 Internet Events

年份	网络事件数目	事件名称	可能涉及的权利
2012	8	王石离婚案	个人隐私权
		央视“你幸福吗”调查	公民表达权、知情权
		“悍匪”周克华	公民知情权
		钓鱼岛事件	公民表达权、参与权
		毒胶囊事件	公民监督权、知情权
		北京大水	公民知情权
		校车安全	公民参与权、知情权
		启动 PX 项目	公民表达权、知情权
2011	8	微博解救被拐儿童	公民参与权
		清华“真维斯楼”	公民知情权
		温州动车事故	公民知情权
		小悦悦事件	公民知情权
		药家鑫案	公民表达权、知情权
		李双江儿子开宝马打人事件	公民监督权
		局长微博开房事件	公民监督权、知情权
		网站 CSDN 遭遇黑客攻击	公民个人信息权
2010	8	犀利哥	个人隐私权、公民参与权
		唐骏学历	个人隐私权、公民知情权
		产妇肛门被封事件	公民知情权
		上海胶州路火灾	公民监督权、知情权
		谷歌退出内地	公民表达权、知情权
		3Q 大战	公民参与权、个人信息权
		宜黄自焚	公民知情权
		富士康 14 连跳	公民知情权

续表

年份	网络事件数目	事件名称	可能涉及的权利
2009	8	“躲猫猫”事件	公民监督权、知情权
		上海钓鱼执法事件	公民监督权
		“替谁说话”事件	公民监督权、知情权
		重庆打黑风暴	公民参与权、知情权
		罗彩霞事件	公民知情权、监督权
		河南农民工开胸验肺	公民表达权、知情权
		央视主播间谍门	公民知情权
		贾君鹏事件	公民表达权、知情权
2008	8	范跑跑事件	公民表达权、个人隐私权
		徐州区委书记落马	公民监督权
		山寨现象	公民知情权
		三鹿奶粉事件	公民参与权、知情权
		艳照门事件	个人隐私权
		华南虎照	公民知情权
		人肉搜索	个人隐私权、个人信息权
		“馒头标准”假新闻	公民知情权

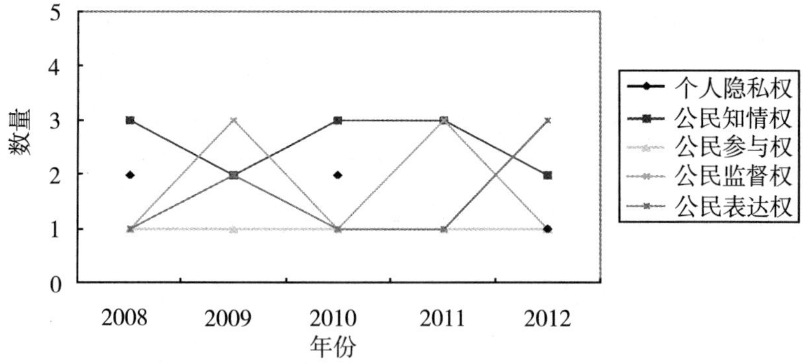

图 2.2 网络侵权情况

Fig. 2.2 Network Infringement Cases

根据上述的总结，网络环境下经常被侵犯的权利一般是：隐私权，知情权、表达权、监督权和参与权。党和政府对此给予了高度重视，与党的大政方针、现行政策是一致的。十七大报告中明确确定，当前社会主义民主政治其核心在于深入推行人民当家做主。因此要进一步扩大人民民主。主要是通过民主制度的健全、民主形式的多种多样、民主渠道的最大化等举措，实现选举、决策、管理、监督等都以民主形式和实质来进行。同时强调了对人民的知情权、参与权、表达权、监督权的保障，并将对前述权利的保障明确认为是权力正确运行的重要保证。

遇到的最多的是与隐私权相关的问题，现在网络普及使得人们联系十分方便，大家可以随时随地分享自己的生活，但是有些网民缺乏基本的网络道德，为了追求噱头和粉丝，不顾暴露他人的隐私，给当事人带来了很大的困扰，而有的人的好奇心理也在某种程度导致了这种侵权现象的出现。除了恶意侵犯隐私权外，还有很多是在无心侵权的情况下造成的对隐私权的损害。甚至是出于“好心”。需要注意的是，网络环境下关于网络对于个人信息的侵犯表现十分突出。2011 年年末，国内最大的程序员网站 CSDN 被爆出遭遇黑客攻击，600 万用户的邮箱账号、登录密码等信息被窃取并公开，随后又有人人网、开心网等多家网站相继出现同样的问题，中国互联网历史上最大的泄密事件由此爆发。个人信息安全出现巨大危机，暴露了我国在个人信息保护立法方面的巨大漏洞，严重威胁到了社会秩序和公众利益。

参与权是指作为社会主体的公民参与到政治生活，行使自己的相关权利，其主要意义在于通过参与到国家事务中，起到监督国家及公权力的作用。网络提供给公民的，正是通过参与的便捷与无限，使得公民能够积极参与到所处的环境中，参与到政治生活、经济建设和社会建设等，从而激发公民的主体意识与权利意识。但在实践中，由于缺乏相关制度保障，以及网络技术本身的缺陷往往会导致这一权利的行使受到很大限制。

知情权是公民作为社会主体，有权利知悉、了解自身所处环境真实信息的权利。互联网技术的迅猛发展，为公民及时查找和获悉各类信息提供了技术上的极大便利。公民的知情权主要是通过政府的相应行为来实现的，我国政府建立并完善了信息服务与传播平台，并以《政府信息公开条例》等相关法律法规促进对公民知情权的保障，起到了十分积极的作用。

表达权是指公民有权利表达自己的真实主张，可以通过各种媒介，排除国界的限制，在不受干扰的情况下自由接收、传递信息。当下高度发达的互联网技术为公民提供了更多的表达空间，具体表现为网民数量的快速增加和微博等互联网终端应用的大量普及。通过博客、微博、网络论坛、新闻跟帖等各种形式，中国公民的自由表达空间大幅增加。

监督权是人民当家做主的核心内容，互联网的发展完善了制约和监督机制，使公民的监督状况发生了翻天覆地的变化。公民的监督权范围不断扩大，监督渠道也趋于多样化，监督效果更是空前加强。这其中，网络问责作为一种新形式出现后，取得了很好的社会效果，不仅极大提高了公民参与监督的积极性，同时也促使政府部门主动接受监督并改正错误。

二、网络环境下公民对权利运行的观念偏差

（一）公民对互联网下权利的实现缺乏理性认识

改革开放的一个非常显著的进步，就是促进了我国公民权利意识的逐步形成，并推动其充分发展。2004 年宪法以修正案的形式明确了“国家尊重和保障人权”的内容。将人权纳入宪法的调整范围，体现了国家对公民权利、对人权的重视。公民权利意识也随着社会

的进步和民主政治建设的进步而加强。但是，中国公民对权利的实现普遍缺乏理性认识，公民只是模糊地了解自己的主人翁地位，大致了解自己的各项权利应受到法律保护，但没有对自己的权利有正确的认识，没有将权利内容在社会生活中加以体验，也没有认识到自己是权利的行使人。

网络环境下公民权利意识的问题更多。网络本身尚属于一个新事物，很多人只是会简单地操作，对于虚拟的空间中应该遵照什么规则去行使权利而不构成对别人权利的侵犯，无从了解。由于网络本身的一些特点，加之当前社会转型时期社会矛盾突出等原因的作用，出现了一些影响不良的网络事件。这些事件的出现体现了一定的偶然性，但在偶然性的背后，其必然出现的实质就是现阶段公民权利意识尚不健全，表现为大量网络事件中的非理性认识。

这些网络环境下对权利实现非理性的认识主要表现有：表现一，在网络环境下常常滋生极端与狭隘现象。网络环境下出现极端事件时，人们往往将自己对现实的不满畅所欲言，没有进行理性分析，而是跟从其中，跟从人数众多后激动情绪愈演愈烈，产生了极端现象。表现二，网络民意异化。网络环境中的各种参与主体在表达自己的真实意思时常常会受到别人的影响。很多时候，网络参与主体表达自己的真实意愿时的出发点是好的、正确的，但在某些情况下则出现偏差。这种偏差大部分是由于一些不良商业组织的推动，即所谓的网络水军、网络推手等。在很多的网络事件背后，都有他们的身影。这些商业组织主要的目标就是挣钱，其运作过程不规范，超越道德准则和法律法规界限，出现违法犯罪现象。

在网络环境下，公民之所以对权利的实现呈现出非理性认识，是因为：一方面受公民本身权利认知、实现能力的限制。公民本身对于权利没有正确认识，不知道如何才是正确实现权利的方式，这一点与公民是否接受到良好的教育不是成正比关系的，换句话说，受中国当前的教育体制设计的限制，公民即使接受过良好的教育，只是在专业知识方面有了大量的积累，但是并不意味着就树立了良好的公民权利意识。另外，由于所处社会转型期的影响，社会上出现的贫富差距，各种矛盾交织反复，公民内心对自身权利实现的渴望与现实之间存在着较大的差距，在这种心理状态的支配下，一旦遇到一些不公平、不公正的事件，很容易产生上述非理性认识；另一方面也是由于网络所具有的虚拟性。网络虚拟性使得人们隐去真实身份，大多数人对于网络通常有一种不愿负责的态度。

（二）公民对权利在网络生活中运行具有盲从性

某位网民发表了一个名为“贾君鹏你妈妈喊你回家吃饭”的帖子，谁也没有料到一句普通的话，成为了网络热门流行语。大量网民经过无谓的跟帖，充分地体现了网民的盲从性。本来毫无意义的一句话，成为表达的一种方式，越来越多的人加入进来，用完全重复或者调侃的跟帖来推高帖子，大量的无意义行为，形成一种网络传染态势，盲目跟帖行为也不断增加，最后即使商业化力量早就退出了跟帖行动，也无法阻止网民后续的跟从。

网民的盲从行为主要有两个作用机制：一是群体感染作用下的盲从行为，也称羊群效应；二是群体极化。羊群效应，是指人们经常受到别人影响而跟从大众的思想或行为。在网络生活中，当有突发事件发生时，最初的信息量严重不足，大多数人搞不清状况，也来不及思考，尤其在群情激昂的状态下，他们对周围的信息失去了理智的分析和判断能力，受群体中其他人的行为暗示，想当然地认为多数就是真理，盲目跟从大多数人的做法而不问原因与后果，表现出在网络中的盲从行为具有羊群效应。盲从性另一个效应就是群体极化现象明显。研究群体极化现象的代表学者是美国学者凯斯·桑斯坦，其代表著作《网络共和国——网络社会中的民主问题》对群体极化从概念到内涵进行了充分的探讨。其所提出群体极化的概念非常具有典型意义。他指出："团体成员一开始不可避免地会出现某些偏向，在进行团体商议后，人们不是找寻正确的方向，而是朝着偏向的方向继续移动，直到最后形成极端的观点。"① 网络为人们提供了大量甚至是海量的信息，也为人们创造了自由广泛的交流方式，使得人们更加方便开展相关议题的讨论。但这些方便之后，往往也包含了一定的风险。当网民们出现群体极化现象时，往往比现实环境中的群体极化更加严重，他们会以极端的观点和做法来影响政府的决策和政策，迫使政府屈服。

（三）公民在网络背景下常常漠视他人权利

1. 公民在网络背景下漠视他人权利具体表现

网络给公民提供了了解、参与社会生活的重要平台，但由于网络技术所具有的虚拟性与匿名性，很多人在网络环境下有着和现实生活中完全不同的表现。在日益重视自己权利的同时，却没有考虑到别人的权利。

表现一：人肉搜索。人肉搜索，最初出现是为了给有需要的人提供信息帮助，发展到今天已变成侵犯当事人的隐私权、名誉权。一方面，因为在一些典型事件，特别是一些不公平或不道德的事件作为诱因出现，网络谴责代表了传统的评价标准，群体情绪干扰导致人们采取了不理智的行为，即搜索并公布当事人相关信息的情况；另一方面，主要也是因为网络的匿名性，在此情形下，不用担心别人知道自己是谁，也无从追究责任，产生责任分散的心理因素，在这种心态支配下，人的责任感与自我约束力大为降低。最典型的案例就是有"网络暴力第一案"之称的王菲名誉权侵权案。

表现二：微博转发。微博是公认的自媒体，具有发布消息随时、

① 参见［美］凯斯·桑斯坦：《网络共和国——网络社会中的民主问题》，黄维明译，上海人民出版社 2003 年版，第 48—50 页。

快捷、消息传播快等特点，在中国市场一经出现后，便呈现了强大的发展态势。在敏感事件的监督、追踪、明星宣传等各种情形下展现出自己明显的优势，被认为是新媒体中最突出的新形式。[①] 微博转发最大的便利性在于为消息的传播提供了自由空间。从本质来看，微博是中性的，无色彩的。微博是互联网技术发展中的一个重要表现，它的出现和发展，本身不会对公民的权利产生直接的影响。重要的是使用的人，如何使用它。由于网络技术所固有的缺点，社会中各种社会矛盾的集中与激化，人们对于现实的种种压力与不满，导致人们在找到新平台的时候，出现茫然与极端。微博在受到大多数人们欢迎的同时也无意中带来了许多危机。

2. 公民在网络背景下漠视他人权利原因分析

人肉搜索与微博转发本身是中性的，无色彩的。仅从人肉搜索和微博转发本身来看，并不必然会对公民的权利产生任何实质影响。从心理因素来看，人的行为都是在一定的心理支配之下产生的，法国著名心理学家勒庞著作《乌合之众》，在这本书中勒庞对于人的行为作出了详细的研究和解释。他认为，当人们处于群体之中时，其作为个体存在的个性被销蚀，其情感与思维聚焦在同一件事情上。这种群体推理的实质在于扩大表面的相似性、消融彼此的差异之处，然后将具体事件推广为普通化事件，变成每个个体的自我事件。[②] 在网络环境下，不同性格的人自由地发表言论，其中包括积极的、也包括消极的，人们有时并没有自己的明确观点，只是受到他人的情绪感染而为一些行为，即使他们并没有了解自己所了解的信息是否真实、抑或是否损害到他人的权利。从网络本身的特点来看，网络

① 参见高涵：《微博转发的从众心理研究》，载《中州大学学报》2012 年第 29 期。

② 参见杨丁淼：《“网络推手”的传播学解读》，载《新闻爱好者》2012 年第 2 期。

的匿名性使得处于电脑后面的人们在别人无法了解到自己是谁的情况下往往会对自己的行为失去或降低自我约束和社会责任感，表现出与真实环境下完全不同的一面。罗森塔尔指出："危机是对一个社会系统的基本价值和行为准则架构产生的严重威胁，在这种情况下，时间压力和不准确性极高，必须对其作出关键决策。"①

三、网络环境下公民权利意识实现的保障欠缺

（一）网络立法不足

1. 网络立法现状

目前为止已经初步形成了体现我国特色的网络法律框架。我国先后颁布实施了一系列的网络专门立法，从法律渊源来看，有全国人大的法律，国务院及其各部门的行政法规、部门规章，地方各级人民政府针对各地区的实际情况和需要制定的地方性法规等。另外，在一些与网络有密切关联的法律法规中也有很多辅助性条款。从纵向来看，我国现行的网络法主要包括如下四个层面：第一个层面，全国人大及其常委会通过的基本法律。目前，全国人大没有制定关于网络方面的基本法律，只有一些全国人大常委会通过的为数不多的决定，如2000年的《维护互联网安全的决定》等；第二个层面，国务院针对管理网络服务颁布的行政法规。国务院针对网络方面所制定的行政法规不多，但在我国的网络立法中地位较为重要。较早的主要针对计算机相关保护的有《计算机软件保护条例》、《中华人民共和国计算机信息系统安全保护条例》等；第三个层面，地方人大及其常委会制定的地方性法规。比较早的有《广东省电子交易条例》、《山西省计算机信息系统安全保护条例》等；第四个层面，国

① T. M. T. C. A. Coping with Crises: *The Management of Disasters, Riots, and Terrorism*, Uriel Rosenthal: Springfield, 1989, p. 10.

家部委制定的规章。从数量来看，部门规章构成了我国网络立法的主要部分。各部门都在各自职权范围内发布了相关规章。

2. 我国网络立法问题分析

（1）多头立法主体。目前我国尚未出台网络法律的基本法，没有明确网络立法的主体。因此当前社会生活中，没有对立法主体进行统一。立法主体分散导致实践中网络法律法规存在较大差异。这是因为前述的立法主体所处位置不同，立法出发点不同，立法过程的价值取向与具体定位宗旨亦不同，这就导致其制定出的法律法规出现了不一致。网络立法主体多头，网络立法没有进行统一的整体规划，导致政府职能部门职责分散，极大地影响到我国网络管理效率，也在一定程度上造成公民权利观、权利心理和权利意识的混乱与不安。

（2）立法层次比较低。我国当前的网络立法中没有制定基本法律，大多数法律法规级别较低、效力范围有限。现行网络法律中，全国人大及常委会制定的基本法律很少，占到大多数的是国务院及各部门制定的行政规章，以及地方各级人大制定的地方性法规。总体上，指导性法规多于强制性法规，政策性规定多于法律性规定。即使在为数不多的已有立法中，以通知、通告、制度和政策之类的规范性文件也只占很小的份额。公民权利意识的一个主要来源就是对现行法律法规的正确认知，而人们通常对于位阶较低的法律法规不够重视，现有网络立法没有能够正确发挥法的引导功能。

（3）立法内容缺乏可操作性。考察我国已有的网络立法，发现在这些法律法规中大多数是描述了该法所规范的框架性内容，没有对具体规则及内容作出规定。整体上看，这些立法较为完善地规定了权利主体的权利与义务，但没有进一步细化其操作细则。比如，某一文件中，规定某一主体享有一定的管理职权，但却没有明确规定，其行使职权的具体范围以及相应的程序，也没有明确该主体在违反相应职权的时候应承担何种责任。法律的基本要求是权责分明，实体与程序并重，欠缺任何一方面所制定出来的法律注定不能实现法律在社会生活的运行，从法的实施角度来看则必然会降低法的权威和效力。

（二）司法面临网络挑战

1. 网络对司法独立的影响

网络本身是无法对司法产生影响的，网络之所以对司法产生影响是因为人们通过网络所表达出来的民意。网络民意是民意在网络空间的存在方式，继承和超越了传统民意的内涵与意义，同时也深刻地变革了民意的效能与作用机制。网络民意无疑是当前网络生活中最广泛和最具有活力的因素。作为一种工具，网络的作为来自它的使用者，也就是政府和公众。[①] 网络民意利用网络平台和略显激进的表达方式对于司法独立产生了不容小觑的影响。“许霆案”号称网络民意第一案，网络民意的作用体现最为明显。案件发生后，网友的普遍关注和参与讨论，网站的推波助澜，媒体的广泛报道，许多的人们纷纷加入到对该案件的讨论之中，由此引起人大代表的关注。该案一审之后二审，二审的结果是迎合了网络民意所作出的判断。遗憾地说，在上述案件中，网络民意事实上已经在一定程度上影响到了司法独立。

2. 网络对司法公开的影响

“阳光是最好的防腐剂”，让整个司法过程呈现在人们面前、处于人们的监督之下，这是实现司法公开的最佳途径。程序公正是实体公正的必经之路，司法公开必然要求整个司法过程必须要严格根据程序法的规定，按照法定程序来进行。对于促进我国程序法的实

---

① Yongming Z. , *Historicizing Online Politics*: *Telegraphy*, *the Internet and Political Participation in China*[M]. California: Stanford University Press, 2006, p. 231.

践产生了不可估量的影响。应该看到我国“司法公开”原则已经获得了高度的重视。[1] 网络的出现极大地推动了我国的司法公开制度。各级人民法院官方网站的建立，为各类案件基本信息的公开提供了方便快捷、全新的平台，是人民群众参与司法过程、实现司法公开、司法公正监督的重要途径。然而由于各地经济发展水平的不同，网络技术发展的不平衡，导致不同人民法院官方网站的建设水平也有高有低。法院网站建设水平不高一般可归结于网络硬件不够好、法院工作人员的网络技术有待提高等，这些原因都是表面的因素。有过硬的业务基础，有不怕公开的勇气，才是问题的关键所在。[2]

3. 网络对管辖权基础的动摇

传统司法管辖权是以国家的地域性来进行界定的，但网络是无国界的、全球性的，这种虚拟的空间与现实物理空间存在根本的不同，这就导致在网络空间中发生的纠纷在适用传统的管辖规定时，会出现不适应甚至是矛盾的现象。

（1）当事人的身份难以确认。网络环境下，人与人之间的接触具有较大的随意性，难以准确确定。现实环境下发生的法律冲突中，当事人之间的联系具有特定性，是以现实身份的确定为前提的。网络空间完全突破了这一点，人与人之间的联系变得难以固定，很难明确网络的主体与现实主体身份的对应关系。原告与被告的身份确认，在现实环境下是很简单的问题，在网络中却变得异常复杂。人们在网络空间中，常常使用网名，其真实身份不能准确确定。互联网里能够确定的是 IP 地址，但是如何能够证明使用该地址的人是谁呢？在这一点上，通常的做法只能采用推定的方式，即如果没有相

① 参见牟绿叶：《司法公开论——兼议司法公开与媒体监督》，载《甘肃联合大学学报》（社会科学版）2011 年第 27 期。

② 参见骆定进：《略论网络舆论与司法审判的关系》，载《法制与社会》2012 年第 18 期。

反证明的话，那么就推定使用该 IP 地址的就是 IP 地址的所有人。

（2）法院管辖权的难以确定。法院管辖权通常以一定地域来进行划分。网络所创造出来的虚拟空间突破了这一点。网络中无所谓地理界线，判断网络上发生事件的真实地址和确切范围已经是很难做到，更谈不上将其与现实的管辖权进行一一对应。网络所带来的非中心化倾向对于法院管辖权的确定提出了极大的挑战，从根本上否定了国家的司法管辖划分的基础。

网络空间是一个无地域性的技术性虚拟空间，而各个国家在制定法律时都有自己的立场与原则，导致了不同法律规范的出现。这一点在现实法律环境中已经得到了较好的解决。但是在网络环境下则复杂得多。在反种族主义和犹太主义联盟联合法国犹太学生联合会诉雅虎公司案件中，关于法院管辖权范围以及法律适用就遭遇了网络空间的无地域性的挑战。主要案情是雅虎公司在网络上出售纳粹纪念品及提供纳粹书籍下载等。法国法院根据法国法律规定，判令雅虎公司采取一切措施避免法国公民通过雅虎网站获得纳粹物品或相关服务。雅虎公司则引用美国法律规定，并上诉到美国法院，美国法院认为法国法院无权要求其他国家适用该国法律。[①] 雅虎公司涉纳粹案件，充分地展现了网络行为对各国法律制度的挑战，网络行为的全球性与各国法律的地域性之间的矛盾，导致不同国家或地区之间的法律冲突矛盾前所未有的尖锐和频繁。

（三）网络管制的局限性

网络跨时空的技术特性，运用面很广，从经济发展的角度来看，极大地促进了经济全球化的发展；从政治协商来看，提供了充足的协商空间，降低了协商成本。但同样也是由于这一点，往往会对国

---

① 参见曾白凌、涂家辉：《论网络表达对法律规制机制的影响》，载《长春市委党校学报》2011 年第 5 期。

家的基本制度、基本运行甚至是国家存亡造成威胁。当前世界各国都会根据国情对网络进行某种形式和某种程度的管制。在当代中国，重新思考葛兰西对国家性质和构成的基本观点，特别是文化领导权的提出和运用[①]，以及阿尔都塞的“意识形态国家机器”理论[②]，为我国实现网络管制的必要性和正当性提供理论支持与依据。但是，由于网络出现的时间较短，网络管制制度尚不完善，网络管制在一定程度上存在着较大限制性。

1. 网络管制局限性现象分析

管制概念的最初出处是经济学，西方政府引用到了政治学领域。管制（regulation）的概念，根据美国管制经济学家尼古拉斯·史普博的基本观点，“管制，是指为了进行市场配置，行政机构制定并执行相应规则和特殊行为，通常会改变企业与消费者之间的供需决策”[③]。随着经济社会的发展和理论研究的深入，政府管制理论得到了推广。网络出现后，随着网络在社会生活中的运用，网络已然衍生成典型的公共产品，成为国家进行公共行政的对象。政府对网络采取的管制，要以促进网络健康发展，实现经济社会的迅速发展为目标，同时应实现网络安全保障，重点保护国家和个人的信息安全，进而保障国家的国家安全。

随着网络技术的飞速发展，网络所带来的负面问题，以非常激烈的网络事件给网络管制提出非常严肃的考验。由于网络监管自身不足，产生了很多备受关注的法律问题，引起人们的争议。最典型的就是网络监管很多时候没有准确把握好度，所采用的方式方法不

① 参见李艳：《葛兰西的市民社会理论研究》，黑龙江大学出版社 2009 年版，第 58 页。

② 于阿专：《掌握革命的武器——阿尔都塞“意识形态国家机器”理论的再解读》，载《文山学院学报》2012 年第 25 期。

③ 参见尼古拉斯·F. 史普博：《管制与市场》，余晖等译，上海人民出版社 1999 年版，第 45 页。

够恰当，很多网络事件中涉及的公民权利保障不力。常见的例子是网络监管与公民各项权利的矛盾与冲突，最典型的是与表达权的冲突。网络环境下公民行使表达权，是通过网络言论来进行的。所谓网络言论是公民对于从网络上认识、观察到的各种社会现象、各种问题，分析总结后表达自己的看法、态度和意见等的总和[①]。网络对于公民权利意识的促进作用，主要作用就是给公民的言论表达提供了更多的自由、更广阔的空间。对于网络监管中网络言论自由的界限还需要进一步明确。此外，公民个人权利意识不断完善，公民对于自身隐私权的日益重视，常常会与政府对隐私权的保护与限制发生冲突。网络隐私权，是指公民在网络中，享有私人生活安宁不被他人非法侵扰、私人信息依法受到保护、不被他人不当搜集、利用和公开的一种人格权。[②] 在某些涉及公民个人信息的公共事务中，政府应审慎处理，应经过本人的同意，采取必要的法律程序，并承担相应的保密责任。

2. 网络管制负面效应原因分析

（1）事先审查机制的先天不足。事先审查机制，是指在网络信息上传之前进行的审查。事先审查制，其目的在于实现防患于未然，主要采取技术手段，由监管部门采取各种方法，对来自境外的信息或境外比较活跃的网站进行审查，或者针对正在传播中的各种信息使用过滤软件进行跟踪，发现有违法现象的应立刻隔离。还可以采取敏感词筛选，对一些可能会造成社会混乱的不良内容，通过对敏感词进行筛选，进行提前预防。上述做法都是非常典型地运用技术手段进行事先过滤，达到事先审查的目的。事先审查的效果比较好，

---

① 参见刘正祥：《网络言论的失范及其法律规制》，载《政法学刊》2010 年第 27 期。

② 参见丁羿方、苏倪：《网络隐私权民法保护刍议》，载《理论界》2012 年第 4 期。

能够有效地应对一些突发事件，将其消灭在萌芽阶段。但事先审查机制，其弊端也较为明显，无论是采取前述哪一种技术手段，都有可能造成对言论自由的干涉和妨碍。

（2）管理体制的有待理顺。我国现行对互联网负有管理职能的部门很多，负责互联网站审批的是文化部，即县级以上人民政府的文化部门；负责项目经营的是工商总局等工商行政管理部门；负责内容管理的有工业和信息化部、广电总局等电信管理部门、国家保密局；负责查处的是公安机关；各个部门之间依据各自的工作范围，以行政权限制定相应规范开展工作。一方面网络发展迅速，而问题和纠纷不断；另一方面管理部门很多，但是职能重叠，重复管理或者管理缺位，沟通协调不容易，效率低下。在具体工作中，既有的行政体制的惯性思维使得忽视大众权利与呼声的事件不断出现。

（3）网络监管中重行政、轻法律。网络监管中，大部分国家都采用了以法律监管为主、以行政监管为辅的监管模式。我国在互联网发展起来之后，非常重视网络法律法规，有目标有针对性地建设了一批法律法规，这些法律法规在促进网络发展和网络安全中发挥了明显作用。但和发达国家比起来，以及相对于互联网产业突飞猛进的发展需求，网络法律法规建设还需要大力加强。目前体现出的较大矛盾是网络飞速发展、新型网络技术如云计算等突飞猛进、网络立法的进程远远没有跟上互联网行业的发展速度。重视对网络的行政管理，比较符合我国现阶段法律尚不成熟的国情。但是行政管理的做法从长期来看，必须逐渐为法律约束所代替。现代法治国家要求在各个领域都贯彻法律的运行，行政管理也必须以法律为指导。

第三章　网络环境下公民权利意识的制约因素分析

在当今互联网时代，网络为公民行使权利提供了更为便利的平台，但是社会瞬息万变，公民的权利意识可能被多重因素影响。从经济因素方面来看，小农经济和计划经济的桎梏在网络下延伸，以及数字鸿沟的出现，导致了公民权利意识发展的不均衡。从政治因素方面分析，网络公民社会尚未建立，网络公共领域发展不充分，网络政治沟通不足；从社会因素方面说，法律信仰的缺失、网络媒体的负向导向作用、网络文化发展的不充分都会造成公民权利意识的淡薄。

第一节　制约公民权利意识的经济因素

一、现实经济因素桎梏在网络环境下延伸与放大

（一）小农经济与计划经济对公民权利意识影响在网络环境下延伸

我国自改革开放以来，社会主义市场经济体制已经建立，但是，小农经济和计划经济时期余留下的思想残余并没有完全消除，公民的权利意识一方面在市场经济的环境下被激发，另一方面又仍受制于小农经济和计划经济。

从中华人民共和国成立开始至党的十四大确立“我国经济体制改革的目标是建立社会主义市场经济体制”为止，这期间是计划经济时代，在这段时期，国家运用各种立法、行政手段，利用这只“看得见的手”统一调控国家经济、实现资源配置。在计划经济中没有平等和自由的商品交换环境，所有的事情都是靠国家的计划安排和解决的，企业和个人没有决策的能力和必要。“公民”概念虽然形成，但公民在国家的政治生活尤其是经济生活中没有自主认知，也未形成健全的权利义务观，公民意识淡薄。计划经济严重阻碍了公民权利意识的发展。改革开放至今，我国处于商品经济极其发达的时期，即市场经济时期。市场经济以其强大的生命力取代了自然经济和计划经济，它是商品的生产与交换扩大化和社会化的结果。市场经济更加注重交换主体的平等性和交换本身的自由性，并且更注重市场在经济中的基础地位。在这种体系下产品和服务的生产及销售完全由自由市场的自由价格机制所引导，而不是像计划经济一般由国家所指导。这种自由平等的交换环境以及更为专业化的分工孕育了人类最初的公民权利意识。市场经济不仅仅是一种经济形式，

也是一种生活方式，公民的权利意识与市场经济的价值追求相契合。市场经济使人们开始成为具有尊严感和价值感的主体，成为理性的主体，人们逐渐摆脱“靠天吃饭”的生产方式，开始追求利益最大化，开始谋求政治上的自由和权利，人的权利意识也由此萌生和不断发展。

然而，在现阶段的我国，东西部居民和城乡居民的的权利意识存在很大的差异，对于权利的欲求也不同，相对于东部居民和城市居民来说，西部居民和农村居民在公民权利的发展过多的是局限于生存权与发展权，他们的思想或多或少的还是会受小农经济和计划经济的影响，在这种小农经济和计划经济的影响下他们有时会缺乏存在感和尊严感，有时甚至没有自我意识的概念。在网络发展的今天，即使他们接受着上网服务，对于网络上的各种信息，他们还是会有自己的在小农经济和计划经济影响下的认知。通常情况下，反过来，他们也会将自己受小农思想和计划经济影响后的思想带入网络，从而影响到其他人。以上种种都说明，在网络环境下，我国公民仍然受小农经济和计划经济的影响。

（二）社会转型时期收入差距导致网络环境下病态权利心理

要了解病态权利心理的概念，首先要了解何谓权利心理。权利心理由两方面组成，分别是权利认识与权利意向，权利认识是指权利主体对自己所享有的利益和自由的认识，权利意向是指主动追求实现自己的自由和利益的活动的心理。而病态是指不正常、不健全的心态。简单地说，病态权利心理就是指不正常、不健全的权利认识和权利意向。在网络时代，网络激发起人们的权利意识，但是病态的权利心理却愈演愈烈。

1. 病态的权利意识主要表现

公民这种病态的权利意识主要表现在以下三种情形：

第一种，网络环境中形成的体现着民粹主义的权利霸凌。民粹主义起源于19世纪的俄国，通常是指那些追求权利的绝对平等，失去应有理性、排除异己的意识形态领域的核心材料。民粹主义对于不同意见的容忍度很低，在网络环境下民粹主义体现的力量更加强大。所谓网络霸凌是指借由网络媒介，通过邮件、贴吧、聊天室等欺凌弱小的行为。例如，最近发生的权志龙爆吧事件，所谓爆吧就是指同时往特定贴吧中发大量的无实质内容的废贴、水帖、垃圾帖，这些废帖会把有实质内容的帖很快刷到后面，使人根本无法看到，爆吧是一种严重影响贴吧秩序的行为。权志龙爆吧的整个事件的导火索是因为一个青春期的14岁少女潘梦莹冒充韩星权志龙的粉丝在微博上散布有关梅西等一线球星的不实诋毁言论，引起球迷的强烈愤慨，集体使得权志龙爆吧，由此牵连了一些别的明星甚至是一些节目的贴吧。这种不理性是病态权利心理的一种体现，这种情形背后酝酿的权利霸凌心态会是民粹主义的助推器，从而反作用于公民的权利心理，使之更加病态化。

第二种，以维护权利为名滥用诉权或恶意诉讼，法律赋予人们的诉权，是为了使受侵害的权利得到救济，但是有些人的做法完全违背了法律维护秩序和正义的目的。例如，现在各级人民法院在侵权案件中会经常遇到的高额精神损失费赔偿案等。

第三种，病态的消极权利意识，如果说前两种都是积极的权利意识，那么在如今的网络环境下还存在着一种消极权利意识，这同样也是一种病态的权利意识。例如，面对一种现象，人们知道自己有权发表自己的观点，但是其从不运用网络发表自己的评论，这些人认为自己人微言轻，社会不会因为他的话而改变，自己说了也无用，所以就不作为。以上三点都是病态权利心理的表现形式。这三种表现形式都过于极端，有一些甚至是违反了道德和法律底线的行为，这种病态的权利心理对于健全权利意识的形成和发展是极为不利的。

2. 病态的权利意识原因探析

引起这种病态权利心理的主要原因包括我国社会转型时期贫富差距拉大、教育发展不平衡和舆论的引导三大方面。首先，社会转型时期的贫富差距拉大。这是病态的权利意识产生的大背景，也是最主要的外在因素。改革开放以来，我国的发展是有目共睹的，发展的速度不仅体现在 GDP 上，而且也体现在每个公民的幸福感上。但是中国的发展并不是没有问题的，随着经济的发展我们国家的收入差距逐渐拉大，富人成为奢侈品的消费主力军，而穷人还在为温饱发愁。贫富差距导致了公民权利意识的差异，对于同一件事情的态度，生活在不同生活环境下的人的看法是不同的。当不平衡持续的时间久了，病态心理随之产生，造成公民权利意识的病态发展。其次，教育的不平衡发展也是病态权利意识产生的原因之一。诸多不平衡导致教育的不平衡，教化是人从蛮荒走向成熟的必备要件，所以受到的教育水平越高，人们的创造力和赢得财富的能力就会相对越高；人们受到的教育水平越低，其接受力和对权利的感知能力就相对较低。只有当教育水平达到相当的水平，人们才能创造出相对来说平衡的财富，进而形成良性的权利心理。最后，舆论引导是病态权利意识产生的一个重要原因。在网络环境下，任何一种观点都有成为主流的可能，人们在网络中难免受各种观点的影响，舆论导向对于公民权利意识的形成起着推波助澜的作用。如果接受的是积极负责的观点的影响，就会形成正确的权利意识；相反，如果受到那些消极不负责观点的影响，人们极有可能走向极端，形成病态的权利意识。

我国目前市场经济中的小农经济与计划经济成分、社会转型时期收入差距等原因导致的病态权利心理对公民权利意识都存在影响，无论是在现实环境中还是在网络环境中。在网络环境下，由于其虚拟性和开放性的特点，人们可以随时随地将自己的所思所想表达出来，并且可以隐匿自己的真实身份，从而不受面对面交流时的种种限制与束缚，因此，是培养公民权利意识的良好平台。但是，缺少必要的监督与道德约束，小农经济与计划经济对人们权利心理的压抑和由于其落后经济形态造成认识的必然误区，以及病态权利心理通过网络交流的宣泄与释放，一定程度上这些负面影响在网络下会被放大。这些都体现了传统经济桎梏在网络环境下并没有得到好转，而是进一步延伸与放大。

二、信息时代数字鸿沟

（一）数字鸿沟的出现

数字鸿沟最先由美国国家远程通信和信息管理局（NTIA）于1999年在名为《在网络中落伍：定义数字鸿沟》的报告中定义：数字鸿沟（Digital Divide）指的是一个在那些拥有信息时代的工具的人以及那些未曾拥有者之间存在的鸿沟。简单地说，数字鸿沟就是指信息富有者和信息贫乏者之间的分化。美国哈佛大学教授皮帕·诺里斯认为，数字鸿沟是指一种包含三方面典型特征的现象：全球鸿沟，指的是发达社会与发展中社会之间在接入网络方面的差距；社会鸿沟，指的是每个国家中信息富足者和信息贫困者之间的差距；民主鸿沟，指的是使用和不使用数字资源去从事、动员或参与公共生活的人们之间的差别。数字鸿沟是由于现实社会中经济、政治发展的不平衡造成的，并且数字鸿沟具有世界性。不仅发展中国家与发达国家之间存在数字鸿沟，而且在每一个国家内部也存在数字鸿沟。公民的自由与平等是权利意识的保障，而受到更多教育的或者是拥有更多财富的人通常拥有更多的网络资源，他们有时甚至掌握着话语权，网上的民主问政的效果就会大打折扣。更重要的是，这严重影响到了人们的自由与平等。

经济的发展是数字鸿沟现象产生的根本原因。经济发展好的地区会拥有更多的网络资源，他们通常会从网络上获得更多的信息，现代人的生活不能够脱离各式各样的传播媒介，罗杰·费德勒认为："大众媒介泛指所有用以向广大受传者传递各种信息的技术手段，包括报纸、期刊、广播、电视、电影、图书等。通常指报纸、期刊、广播、电视四大媒介。"① 随着手机等通信工具或者平板电脑的上网功能不断趋于完善，它们作为一种新型的媒体类型，正在发挥着举足轻重的作用并成为继网络媒介以后的"第五媒介"。"第五媒介"使得数字鸿沟扩大。从世界的角度说，发达国家和发展中国家信息化水平差距很大。发达国家人口仅占世界总人口的 17% ，但网络用户却占世界总量的 80% 。发达国家平均 6. 8 人有一人为网络用户，而发展中国家平均 440 人才有一人上网。全球 90% 的电子商务额被发达国家垄断。美欧发达国家对信息技术的投资占全球信息技术总投资的 75% 。目前国际互联网全部网页中有 81% 是英文的，其他语种总共不到 20% 。

就中国而言，数字鸿沟主要表现在城乡发展不平衡、区域发展不平衡上，根据 2012 年、2013 年中国互联网络中心（CNNIC）发布的两次互联网调查报告均显示，农村与城镇在网络方面的发展差距仍然较大。目前 70% 以上的网民都居住在城镇；相比来看，我国农村网民比例在低位徘徊，其中包含中国城市化进程加快、大量农村人口涌入城市等整体人口结构变动因素的作用，然而农村居民自身缺乏电脑和网络使用技能是制约我国农村地区互联网发展的重要障碍：2011 年有 57. 8% 的非网民表示"不懂电脑/网络"是其不上网的原因，这一比例在城镇非网民中为 45. 7% 。整体来看，各地区之间互联网普及率的差异依旧显著。互联网普及率高于全国水平的省

---

① 参见［美］罗杰·费德勒：《媒介形态变化——认识新媒介》，明安香译，华夏出版社 2000 年版，第 17 页。

市多集中在东部沿海地区，以及经济较发达的内陆省份和直辖市。而互联网发展水平较为滞后，普及率不仅低于全国平均水平，还低于全球平均水平的省份则集中分布在西南地区和中部地区（宁夏、西藏、湖南、河南、广西、甘肃、四川、安徽、云南、江西、贵州）。[①] 由此，我们不难发现中国沿海地区和内陆地区存在网络信息资源的不平衡，综上所述，数字鸿沟无论是在世界范围内还是在我国范围内都是长期存在的，并且由于“四大媒介”的发展和“第五媒介”的形成，数字鸿沟呈不断扩大的趋势，这会导致公民权利意识差异的扩大。

（二）数字鸿沟对公民权利意识的影响

数字鸿沟对公民权利意识的影响主要体现在对公民权利认知、权利的主张和权利的行使三个方面的影响。这其实是由低到高的三个层次的影响。

首先，数字鸿沟的存在影响着公民的权利认知水平。在公民健全的权利意识支配下所形成的理想状态应该是每个人享有平等且充分的权利，但是在数字鸿沟的影响下，有些人拥有充分的信息资源，成为网络信息霸权者，而有些人因为经济、教育等各方面的原因，成为网络信息赤贫者，这些人名义上拥有平等且充分的权利，但实质上他们已经被边缘化了，他们对于权利的认知是不平等的，数字鸿沟造成了他们权利意识是不健全的。综上所述，随着科技的发展和时代的进步，数字鸿沟导致公民对权利的认知不平衡，不平衡性造就了人们对于权利意识的认知差异，这严重影响着公民的网络权利。

其次，数字鸿沟影响公民权利的主张，进而影响公民的权利意

---

① 参见马雪娇：《探析中国国内的数字鸿沟问题》，载《中国传媒科技》2012 年第 14 期。

识。借助网络，当人们发现自己微小的力量变成了强大的“网民”的力量的时候，更热衷于通过网络实现自己的权利。但是，一方面由于经济发展和教育发展的不平衡导致东西部和城乡之间网络用户数量和教育水平不平衡，公民权利的主张常常会变成“沿海地区市民”的主张、“城市市民”的主张或者是“受到较高教育”公民的主张。另一方面，因为人们通常有从众心理，当一种主张占据主导地位的时候，人们常常会人云亦云，这时每个公民作为独立主体的意识通常会降低。更严重的是如果某些网民为了所谓的“正义”主张强烈谴责一件事情，很多网民也会在没有了解真正事实的情况下作出非理性的判断，数字鸿沟使网络成为某些人或某些群体的工具，若这种情况愈演愈烈，就会形成民粹主义下的网络霸凌。况且，在公民的权利认知存在问题的情况下，数字鸿沟也会影响到公民权利的主张。

最后，数字鸿沟影响公民权利的行使。公民有多种行使权利的方式，通过网络行使自己的权利无疑成为当今最方便快捷的方式。人们动动手指就可以在微博、微信、BBS、天涯等交流平台上了解到正在发生的新闻、发表自己的评论，通过参与“网络问政”更是可以快速行使自己权利的途径。但是由于数字鸿沟的出现，很多人没有信息资源，没有上网的方便条件，他们无法参与“网络问政”，由此，“网络问政”的效力不得不让人更加深刻地思考。有时网友的“爆料”会引起社会的轩然大波，这种力量会影响一些政策的制定，网络所提供的环境具有匿名性，所以有一些言论其实是不负责任的，这些网民的意见也大多是那些有方便的网络环境并且对政治关心的人的意见，这种数字鸿沟注定了利用网络行使权利不能是全民性的。这也即是数字鸿沟对公民权利行使的影响。

第二节　制约公民权利意识的政治因素

从社会架构来看，现实环境下社会互动关系是公民—公共领域—公民社会—政府，随着网络的发展及网络公共领域的建构，网络社会逐渐建立，在自由、开放、平等的网络社会下，社会互动关系发展为网络公民—网络公共领域—网络公民社会—网络政府。在这种社会互动结构框架中，公民具有公民及网民双重角色、公共空间具有公共领域及网络公共领域双重角色、社会具有公民社会及网络公民社会双重角色、国家具有政府及网络政府双重角色。作为整个环节中心的公民，具有重要的决定意义。其权利意识是否树立，对于公共领域、公民社会、政府等有着重要的影响。反之，公共领域、公民社会、政府也对公民的权利意识产生了积极的推进作用或消极的制约作用。

一、网络公民社会尚未建立

"公民以及公民权的概念，不见于我国古代，也鲜见于我国近代"，这句话是我国现在在网络社会中公民权利意识的真实写照。我国网络公民社会尚未建立严重制约着公民权利意识的发展。

（一）网络公民社会的基础理论

公民社会（civil society）作为一种外来语，可以翻译成"市民社会"，它是民主政治理论当中一个极其重要的概念。一个民主的公民社会需要一个民主的国家作为支撑，反过来，只有成为了民主的公民社会才能建立一个更为民主的国家。

马克思将市民社会等同于资本主义社会，他的理论基础是黑格尔的市民社会理论，马克思的理论实现了"市民社会"理念的现代转型，即在资本主义社会中将政治社会和市民社会分离。一个发达的市民社会会促进经济的发展和现代民主政治的形成。正如马克思说的那样，现代政治制度“本身只有在私人领域达到独立存在的地方才能发展。在商业和地产还不自由、还没有达到独立的地方，也就不会有政治制度”。马克思这里所说的政治制度就是指的资本主义政治制度。后来，葛兰西和哈贝马斯时期则完成了“市民社会”的理念的当代转型。葛兰西把市民社会定义为制定和传播意识形态特别是统治阶级意识形态的各种私人的或民间的机构之总称，包括教会、学校、新闻舆论机关、文化学术团体、工会、政党等。哈贝马斯详尽的划分了“公域”与“私域”，主张建立“非政治化的公共领域”。柯享和阿拉托摒弃了马克思的二分法，提出了三分法说，即公民社会—经济—国家。三分法主要是服务于以社会为中心的研究模式。这种三分法说也是我们现在对于公民社会所采取的主要态度。我们通常认为社会被分为三个部分：第一部分是政治社会；第二部分是经济社会；第三部分是公民社会。第三部分的主体通常为社会组织，主角是公民。综上所述，可以把公民社会当作国家或政府系统之外的所有民间组织或民间关系的总和，它是官方政治领域和市场经济领域之外的民间公共领域。

改革开放30多年来，中国社会领域发生的最大变化莫过于公民社会组织的兴起。公民社会是国家或政府系统，以及市场或企业系统之外的所有民间组织或民间关系的总和。[①] 美国学者列维特（Levitt）又称之为“第三部门”，即除政府和企业之外的公民民间组织。在当代中国，它主要指那些公民自愿、自发、自治、促进公共利益和社会发展的组织。随着我国市场经济的不断发展、民主政治

① Naidoo K. A. T. R, *The Promise of Civil Society*, Connecticut: Kumarian Press, 1999, p. 6.

的不断完善、自主文化的不断创新，各种各样的社会组织在我国不断地被组成和建立起来。这些组织的建立成为我国公民社会建立和发展的基础。但是由于我国社会组织的管理还是存在很多真空地带，组织自身管理混乱、中等收入阶层发育不足等原因导致我国社会组织发展存在制约因素，我国的公民社会尚未完全建立。

我们国家自 20 世纪 90 年代开始，逐渐形成了以互联网为平台的独立于政治领域和市场经济领域的民间公共性领域或公共性空间，称之为网络公民社会。网络公民社会是一种团体化的社会，这种社会不是分散性的，它具有一定的组织性，网络作为中介可以吸取到更多人的意见，这就逐渐形成了一种强大的力量，这种力量足以使社会或者政府对他们的意见产生足够的重视。这种组织性也是网络公民社会区别于公民社会的新特征。网络公民社会是建立在公民社会的基础上的，网络公民社会的发达是建立在公民社会的完善的基础上的。网络公民社会与实体公民社会呈现出既矛盾又统一、既融合又分离的关系。

（二）网络公民社会对于公民权利意识的意义

公民社会是公民的权利意识的土壤，民主自由的公民社会对公民权利意识的形成起到促进作用。公民社会的建立会强化人们的政治参与感，当人们逐步拥有权利意识时，便会增强自己参加民主政治的技能和效果。民主的最大威胁在于公众的冷漠和消极。公民志愿参加各种社团活动，乃是民主实践和文化的根基。公民社会也会深化民主文化的价值，它是培养和谐、平等、自由等民主价值的平台。

网络公民社会对于公民权利意识起着积极的作用。首先，网络公民社会促进公民自由表达意识。网络表达实质上就是公民权利的一种实现方式，近些年来，网民的权利意识在不断提高，网民现在越来越愿意用网络来表达自己鲜明的立场，网民在网络公民社会中行使的权利为案件在现实中的解决创造良好的舆论氛围。由此说明网络公民社会弥补了现实社会的不足，推动和培养着人们的“自由”的权利意识。其次，网络公民社会促进公民民主意识，它一方面在不断确定着人们的平等关系，另一方面又在不断加强着人们的平等意识。由于网络社会，人们渐渐成为平等发展的具有权利意识的人，而不是以前时代的那种带有“奴性”、没有权利意识的人。最后，人作为独立发展的个体，网络公民社会为其提供发展平台。在网络公民社会当中人们逐渐拥有独立的意识，又有独立的思维，公民开始注重自己独立的意识和自己的权利，对政府的所有决定不再无条件服从，并能提出自己的建议。公民社会并不会取代国家和市场组织共同制定和实施解决集体问题和公共福祉的政策，而是作为公共事务扩大参与者参与的平台存在。[①] 在网络公民社会中，人们的政治素养在不断提高。但是，现在的“网民”只能称之为“网民”而不能称之为“网络公民”。网络公民是指在网络中，享有网络环境下所赋予其的权利，接受在网络环境下所公认的规则和规范调整的自然人。我国的网络公民社会还尚未建立，但是在网络已如空气般存在的今天，我们可以肯定的是从“网民”变为“网络公民”是必然趋势，而将网民变成网络公民的过程就是网络公民社会建立的过程。

二、网络公共领域发育不充分

网络成为协调与沟通国家和公民社会的平台及构建者；同时也成为制衡国家权力和监督公民社会的一个重要方面。在公民社会状态下，网络公共领域是公民社会的重要组成部分，国家权力与公民（通过网络公共领域）处于平等、互相影响的地位。公民社会下，国

---

① Naidoo K. And Tandon R. , *The Promise of Civil Society*, Connecticut: Kumarian Press, 1999, p. 7.

家通过制定法律法规的方式引导网络发展，使网络公共领域呈现出一种“中间层”的态势，并且网络公共领域通过网民参与讨论公共事务，形成公共舆论及社会民意，影响政府政策及政府行为，达到公民—公民社会—政府之间的良性互动，同时国家也最终实现了自己的意志——完成了“以人为本”的执政理念。

（一）网络公共领域的理论基础

1. 从社会架构来看，现实环境下是公民公共领域的内涵

汉娜·阿伦特在《人类条件》中最早提到“政治公共领域”一词。她认为“公共”一词可以等同于世界本身。“公共领域”也不仅仅指跟我们生活在一起的人的共有的世界，还包括和我们先辈和后辈共有的世界。但是这个领域不能缺乏“公共性”。当代一些著名学者如加拿大的查尔斯·泰勒、美国的托马斯·亚诺斯基等人关于公共性的理解使公共领域的概念日益丰富和完善，如泰勒，他认同哈贝马斯的观点，但是他更加关注公共领域在现代社会条件中如何建制化的问题。

哈贝马斯通过多本著作已经形成关于公共领域理论的成熟理论体系。他认为，公共领域就是介于国家与社会之间的一个公共空间，在此空间内公众能够自由表达与沟通意见，以形成民意和共识。国家在法律制约下只能承担公共领域的担保人角色，作为保障自由的权力机关，不能干涉自由。公共领域的构成必须具备以下三个条件：其一，公共领域是由私人组成的公众。公众在独立人格和独立意识的基础上对社会上出现的问题进行讨论和辩论；其二，用有充分沟通的媒介。充分的沟通媒介是意见交流的基础，若没有一个畅通的交流媒介，即使是理性的思维也没有太大的意义；其三，公众是为了公共普遍利益进行的理性讨论，在此基础上形成共识，最终形成公众统一话语。公共领域是国家与公众进行沟通的平台，公共领域的关键在于它是一个可供公众进行批判的平台。哈贝马斯在对公共

领域的历史、内涵及发展的分析基础上，揭示了当代资产阶级公共领域的结构转型问题，并且提出在理性理想批判交往的公共领域的基础上构建全球公民社会。

2. 网络公共领域的出现

互联网进入人们的生活后，凭借着匿名性、全球性、开放性、互动性以及信息丰富性等特点迅速成为主流传播手段。网络已经不仅仅是一种沟通方式，它更是一种生活方式。哈贝马斯认为，大众媒介是公共领域兴盛的助推器，后来又亲手摧毁了这个领域，表明了传统媒体在构建公共领域过程中的局限。而网络的出现弥补了传统媒体的劣势和弱点，凭借其互动性、匿名性、参与性、平等性等特性迅速成为一种强势媒体，并为公众提供了自由交流的话语空间，即网络公共领域。即网络“使公共领域获得新生或将其进一步扩展”①。

（1）网络的“去身份化”保障参与成员的平等性。在网络环境中，人们的身份观念被削弱，交往主要是靠符号作为中介，同时还有“身体缺场”的特质。网络虚拟环境下人们可以随意进入网络场域而没有门槛，无论什么种族、年龄、性别、身份，这样使得人们在网络中地位是平等的，表达是真正自由的。相对于现实社会中有等级的权力关系而言，由于网络的匿名性使得网民能够就公共事务、普遍利益问题自由表达自己的意见，而不害怕受到打击报复。

（2）网络的“去中心化”推动讨论议题的开放性。“去中心化”是经济社会不断发展，网络技术发展和使用范围扩大后逐渐形成的概念。相对于早期的互联网（Web 1.0）时代，今天的网络（Web 3.0）内容不再是由专业网站或特定人群所产生，而是由全体网民共

---

① Brants K, Guest Editor's Introduction: The Internet and the Public Sphere, *Political Communication* 22(2005): pp. 143 - 146.

同参与、权级平等的共同创造的结果。在网络公共领域中进行交流不受时间和空间的限制，任何人都可以随时进入，进行交流探讨，并且可以在同一时间任何人都可以获得交流信息，网络公民在网络公民社会当中的权利是平等的，所有的事情都是可以自由讨论的，在这种轻松自由的环境下可以促进多元文化的交流，同时也为传媒的社会舆论作用提供了很好的平台。比起以前传统的传媒方式，如报纸、电视等，网络媒介克服了单向性的缺陷，增加了互动性，人们可以快速地回复和讨论，进行充分的交流，人们在其中对于议题有很大的自主性。

（3）网络的“解空间化”实现参与成员的广泛性。在网络空间中，空间的概念变得不再那么重要，网民在网络中只要动动鼠标就可以了解到全球民众的想法和全球的信息，不同地域的网民也可以自由地进行交流。例如，如今随着微博、人人网的出现，一个自己录制的网络音频可能就会引起几千万甚至上亿的转发和点击率，一个名不见经传的“小人物”有可能在网络上迅速走红。一些明星开设了微博，可以让粉丝在第一时间了解他做了些什么，再如博客这类的信息平台，每个人都可以获取他人的资料，私人领域渐渐和公共领域相混淆，人们有时也不再那么仔细地去区分公共领域与私人领域。在所有的网络公共领域中，电子论坛成为最重要的主流空间。

（二）网络公共领域对公民权利意识的作用

1. 网络公共领域对公民权利意识的平台作用

（1）网络公共领域的兴起，强化了公民的批判意识。网络公共领域作为一个网民可以自由表达意见的平台，它能够提高网民对政府工作的监督，在保障国家公共利益的基础上，使得公民的权利意识能够有效地表达，从而保障公民的权利，这样就更有理由期待一个更公平正义的社会。网民具有批判精神是网络环境下公民权利意识的一种体现。其实公共领域提供的也是这样的空间，只是随着网络的不断发展，网络这种媒介逐渐成为更大众化、更便捷的平台，它代替了传统媒体的一些功能，但是并没有创设新的公民权利。在网络中，人们具有虚拟身份，拥有了这一重身份，人们的批判意识能够有效地表达出来，在网络中人们可以大胆地讨论政治现象、为政府献计献策，人们还可以通过讨论来表达自己的观点以此保护自己和集体的利益，这样更利于公民权利的良性构建。

（2）网络公共领域促进公民话语权等权利的自然萌发。首先，网络公共领域促使公民知情权的自然萌发。在网络公共领域，信息的接受是双向的，每个人都有可能是信息的接受者也有可能是信息的提供者。其次，网络公共领域扩大了公众的话语权的范围。话语权的自由是公民权利意识增强的保障，一个国家的进步有时往往取决于给予国民多大的自由讨论空间。网络公共领域提供给“草根阶级”一定的表达自己意见的平台，使得边缘化的人也有途径可以自由表达自己的观点和意见。网络强化了人们的民主、自由的意识，公民的权利意识得到了很大的提升。最后，网络公共领域深化了公民的选举权。选举权无疑是公民权利当中最基本的权利，每一个年满 18 周岁、未被剥夺政治权利的公民都可以合法地行使自己的选举权，但是在网络公共领域还未发展形成的时候，人们通常无法透彻地了解选民信息，也无法真正地知道如何行使自己的选举权。在网络公共领域当中，人们可以了解到候选人的信息，甚至可以针对候选人进行讨论，在候选人信息丰富充足的情况下，选民会更为立体地了解候选者并且更重视自身的权利。网络公共领域可以扩大公民的政治参与意识，这样便扩大了公民的权利意识。

（3）网络公共领域确保公民权利意识的独立性。在网络公共领域中，人们可以自由地表达观点，相对于传统的公共领域，它削弱了国家、政府的权威对个人的影响和控制能力，有利地促进了个人独立意识的形成。公共领域的出现，使得人们意识到自己有了平等自由的环境可以平等地表达，当自己表达的观点成为主流观点或者是自己的观点被政府和权力行使者接纳或者实施的情况下，人们表达热情就更加高涨，当人们不再漠视自己的权利，开始勇于并善于表达、不断具有独立意识的时候，人们的权利意识也在不断地提高。网络公共领域作为一种人们表达自己观点、引领舆论导向的公共平台，其建立的过程就是健全公民权利意识独立的过程。因此，网络公共领域对于公民权利意识的独立起着至关重要的作用。

公民权利意识的形成和发展需要相应的环境和平台，公共领域就是这样的平台。公共领域作为介于国家和社会之间的领域，不但能够提供便捷公平的讨论环境，引领舆论导向，并且还能够使国家权力机关听到人民的声音，使人们对政府的监督行之有效。① 网络提供了一个真正平等、言论自由的公共空间，网民在一定程度上摆脱了现实社会中的言论束缚，在网民交流的过程中，公民的政治参与权得以体现，人们的权利意识也在这种开放的环境下逐渐提高。应该肯定，网络公共领域是理想的公共领域。

2. 网络公共领域需要公民理性支持

2001 年，哈贝马斯在来中国时谈到“互联网能够创造种种新的联系，在迄今不曾有过的公共领域，建立起文学的、科学的和政治的公共领域，它也能够肢解现有的公共领域，因而使富有意义的联系化为乌有”。中国人民大学新闻学院教授彭兰提出，网络中的交往并非都是平等的，网络中汇聚的声音并非都是理性的和建设性的。因此，就目前来看，中国网络公共领域尚存在很多限制。

在哈贝马斯关于理想的公共领域的假设中，他将主体假设为理

① Day D. S. A. P, *Shaping the Network Society: The New Role of Civil Society in Cyberspace*, Cambridge, Massachusetts, London: The MIT Press, 2004, p. 3.

性主体，他认为这些理性主体进行的是理性探讨。但是，他所提到的理性探讨不是一蹴而就的事情。目前来看，网络中的声音并非都是理性的。作为主体的公民，在网络公共领域中常常受到民粹主义的影响，在这种民粹主义的影响下，人们往往缺乏理性。民粹主义往往造成极端平民化，这种极端平民化造成了公众的权利的滥用和网络霸凌，像“人肉搜索”这种现象，在网络中经常出现，人们的隐私权受到了很大的威胁，甚至是直接地侵害。

传媒公共性不足导致网络公共领域的公共性不彻底。在我国，传媒的公共性并不是很充分，政府、商业力量还在挟持着大众传媒，大众传媒利用自身的影响力为公众设置议程，其背后却附带着政府、企业和媒体自身的利益。尽管中国传媒体制改革不断推进，但是留给媒体自由发挥的余地仍然有限。“戴着镣铐跳舞”的比喻多少道出了媒体的境况。在网络中，更是需要传媒的力量，但是由于在传统媒体当中国家对于新闻事业的干涉过重，导致传媒公共性不足，进而影响到传媒业在网络中的公共性。

数字鸿沟等因素也使得网络公共领域无法完完全全平等，在“公众”与“大众”的概念中仍然存在较大缝隙。米尔斯（C. W. Mills）对于公众和大众两者的概念进行过详尽的分析，他认为其中最主要的一点“事实上有许多人在表达意见和接受意见”为公众的主要指标；“表达意见的人比接受意见的人要少得多”即为大众。根据哈贝马斯公共领域里理想假设应为公众，而从我国目前网络公共领域来看，还只是大众。数字鸿沟是我国存在的问题，网络的普及本身就存在不平衡性。此外，商业化像蛀虫一样侵蚀着网络公共领域，使得网络公共领域中的网民的权力监督职能和公共利益保护职能得不到完全的发挥。这主要体现在所能带来的利益与效应上。

以上均表明建立理性理想具有科学批判精神、公民普遍参与的网络公共领域有很长的路要走。

三、网络政治沟通不足

（一）网络政治沟通的阐释

1. 网络政治沟通概念

网络政治沟通，顾名思义就是在网络环境下的政治沟通。政治沟通是一个舶来词，它来自英语“political communication”，有学者将其翻译成“政治传播”。简单来看，政治沟通就是以政治信息为内容的政治交流活动。对于政治沟通，很多学者都有不同的论述，美国政治学学者卡尔·多伊奇试图将政治沟通定义为政治系统对信息进行接收、遴选、存储，之后进行分析与处理的过程。他认为，正是在政治沟通的过程当中，政治系统实现了对环境的适应与控制。美国政治学学者卢逊·派伊则把政治沟通看作是大众传媒的信息传递过程，他认为，大众传媒是政治沟通的主要方式和通道。网络时代政治沟通是指政府或者其他掌控了政治资源的政治主体，利用互联网的媒体特征，通过网络进行政治信息的获取、传递和处理的过程和行为。网络政治沟通是政治主体利用网络媒介了解公民意志的手段，欲建立一个真正意义上的民主制度的国家有网络政治沟通的发挥是极其必要的，甚至可以说是具有战略性意义的。

2. 网络政治沟通特征

加拿大学者马歇尔·麦克卢汉（Marshall Mcluhan）曾提出“媒介即万物，万物皆媒介，媒介是人的延伸”的观点。① 麦克卢汉这句话告诉我们媒介发挥的作用远远超出人们的想象。

需要注意的是，网络政治沟通拥有自己不同于政治沟通的特征：其一，网络政治沟通的主体具有平等性、交互性、自主性。所谓平

---

① 参见［加拿大］马歇尔·麦克卢汉：《理解媒介——论认的延伸》，何道宽译，商务印书馆2000年版，第38页。

等性体现在网络提供了一个匿名空间，网络的这种匿名性削弱了现实社会中的权力关系，给人们更多平等交流的机会。所谓交互性，在网络环境下，它模糊了信息接受者和信息发送者之间的界限。在这种情况下必然增加了政治沟通主体之间的交流，当这种政治沟通的途径畅通的时候，必然增强了政治交流的效果。其二，网络沟通媒介具有直接性、开放性和迅捷性。网络沟通的直接性体现在网络中的发布信息通常比在传统媒体上发布的信息把关较松，每个人可以自己直接在网络上表达观点而不通过传媒者发表观点，并且每个人都有平等的机会在这个媒介上交流。网络沟通是开放的而非封闭的。它的开放性不仅仅体现在国内，还体现在它的全球性上，互联网拉近了国与国之间的距离，网络这种传播平台业已成为了全球论坛。网络沟通的迅捷性体现在它是利用接近光速的比特来传输图片、文字和文件的，这大大加快了信息传播的速度，为网络沟通提供了迅捷的空间。其三，网络沟通的政治信息具有廉价性、难过滤性、多媒体性、易存储、易复制、易检索性、网络上的政治信息很多，因为这些政治信息的存在，使得人们获取信息更加方便且充分，这也使得网络政治沟通的成本降低，这是网络政治信息廉价性的体现。网络政治沟通的政治信息具有难过滤性。互联网的设计是网状结构，人们往往很难阻碍信息从周边向中心节点运动，所以政府很难阻碍那些“不受欢迎”进入网络。网络政治沟通的内容还具有多媒体性，每个人可以自由选择信息最终出现的方式，可以是只以文字、图片、声音等形式存在，抑或是以两种或者更多种的方式出现。网络政治信息还易存储、易检索、易复制和易扩散，可以重复多次使用。

（二）网络政治沟通对公民权利意识的影响

1. 促进民主进程的发展，提升公民的权利意识

从现状看，网络民主在我国的发展已初具规模，在网络沟通中更加注重网民的意识和表达，网络监督作为一种新兴的、有效的促

进政府依法行政的手段，其实质性效力正在慢慢凸显，现在我国已经渐渐从“网民问政”走向“网络问责”，就网络问责这一着眼点来看，公民的权利意识得到了长足的发展。当代西方著名政治学家罗伯特·D. 帕特南认为公共精神是一种关心公共事务，并愿意致力于公共生活的改善和公共秩序的建设，以营造适宜人生存与发展条件的政治理念、伦理追求和人生哲学。网络问责具有匿名性，这种匿名性为网络问责的广泛性提供了技术支持，在网络中问责可以扩大监督主体，并且是每个人都有表达自己意识的渠道。这必然会提高公民的权利意识，并且人们会将这种意识付诸实践。在网络中进行政治问责，扩大了言论自由，人们更勇于也更敢于表达自己的想法，指出政府行为的不足，并要求政府负责。网络问政去除了公众人物的权威性，任何一个网友都有权利去质疑任何人，而不问他的地位和身份。“网络问责”充分为培养公民的权利意识提供了土壤。对于正在致力于法制现代化的中国而言，增强公民的权利意识不仅是中国法治建设的重要组成部分，而且是最重要、最值得关注的组成部分之一。令人可喜的是，网络及网络政治沟通的出现，让我们看到了希望的曙光。重视中国公民的每一项大大小小的权利是中国处于转型阶段推进民主政治的必须态度，而互联网是当代这种态度实现的必要方式。互联网正在深刻全面地改变着人们的生活和整个社会。它强大的信息传播，急速唤醒了人们的权利意识。

2. 维护和巩固政治秩序，促进公民权利意识的有度行使

秩序对任何政治活动都不可或缺，在当今网络时代更是如此，在某种意义上可以说没有秩序，网络政治沟通是无法进行的。有序的网络秩序有助于推动公民权利意识的发展。一方面，良好的网络秩序能够化解社会冲突，民众通过网络不仅进行彼此间的沟通，同时也与政府进行沟通，以期能够彼此之间达成共识，共识会削弱矛盾的尖锐，使得政府与民众之间有良性的互动和发展。

这种民主的氛围能够使人们不仅仅将目光局限于自身的生存和发展，人们的公共意识会有所加强，这样整个社会的公民的权利意识的提高会有一个质的飞跃。另一方面，良好的政治秩序形成后整个社会的利益会有一个整合。网络秩序形成后，人们拥有了一个平等自由的环境进行政治表达。网络政治秩序的形成能够保障网民的政治诉求传达到决策中枢，他们的愿望和意愿就很有可能成为现有制度，在这种情况下，人们更愿意在网络中进行政治沟通，从而每个网民的个人价值都会得到最广泛的尊重，人们便会更在乎自身的权利，最终为实现公共利益而使用自身的权利。这样会顺畅网络政治沟通，反过来，这种顺畅的网络政治沟通也会增强网民的权利意识。

3. 以有效网络政治沟通确保公民权利的实现

通过和谐有效的网络政治沟通，实现政府网络环境下的有效管理，可以保护公民合法权利的实现。公民权利意识只有在这种情况下才能够健全，若没有有效的管理，公民的权利意识有可能走向极端，或者是只想着权利行使而忘记自己的义务，或者是只想着自己的义务，而没有权利行使的积极性。一方面，网络政治沟通降低了公民权利实现的成本。现实经验告诉我们，权利的实现需要一定的成本。在现代社会，尽管法律规定了公民享有各种权利，但由于资源所限，不少公民只能部分地行使法律赋予的权利。解决这一问题的办法除了为这些公民提供援助和支持，来帮助其行使该权利外，还可以通过降低该权利行使的成本来达到。通过网络和网络沟通，公民何以获得内容无限丰富且成本极为低廉的信息。另一方面，网络政治沟通拓宽了公民权利实现的途径。首先，就知情权而言，民众在与政府通过网络进行沟通的过程中，从政府处获得并知晓其想要的信息，其知情权就得到了一定程度的实现。其次，就公民的表达权而言，公民通过网络参政议政，当网民看到自己认为政府政策欠妥当的地方，他们可以通过网络向政府反映自己的想法，这拓宽了公民实现权利的途径。最后，就网民的监督权而言，公民通过网络监督政府工作，其监督权也就得到了部分实现。从而，可以分析出无论是从政府处获取相关信息，还是网络参政、网络议政和网络监督，它们都是以网络政治沟通为基础的，这些相关权利蕴含并体现于网络政治沟通的过程之中。以参与权为例，在“前网络时代”，大多数中国人的声音至多只能通过“代表”才有可能传递到最高层。网络深入中国民众的生活后，每年的两会期间是一个网民发言的井喷期，那些没有人大代表资格的人，可以选择成为网民代表，将自己关于政府工作的建议和提案发到论坛上，通过引发其他网民的热议，进而引起决策层的注意。对此有网民评价道：“提案很难进入人大会场，但先放在网络上讨论也行，想法越成熟，进入政府议题的机会就越高。”

（三）我国网络政治沟通困境分析

随着网络基础设施在不断健全，网络技术不断更新，网络渐渐开始在潜移默化中影响着政治生活。我国正处于网络政治沟通深入发展阶段，从 2008 年 6 月 20 日，国家主席胡锦涛通过人民网“强国论坛”与网友进行亲切交流开始，中国就开始进入了政治沟通深入发展阶段。这是中国首次国家最高领导人运用网络与世界上最多的网民在线进行交流。2009 年 2 月 28 日，国务院总理温家宝在中国政府网和新华网访谈室与网友进行了长达两个多小时的在线交流，这次访谈也同样受到了很多人的关注。之后就常有政府与网民之间进行交流的事情，通过这种方式，人们在在线交流的环境下真正接受了政府抉择。

1. 网络政治沟通问题

目前看来中国网络政治沟通存在一定的问题，一定程度上影响到了公民权利的培育与行使。主要表现在沟通要素方面、沟通过程和沟通效果方面，建立电子政府并不意味着民主的必然产生。①

（1）网络政治沟通要素不充分。网络政治沟通的要素主要包括主体（政治沟通的发送者与政治沟通的接受者）、客体（政治信息）以及沟通渠道（网络）。

首先，网络政治沟通主体的素质不一致。在网络环境下的政治主体种类繁多，各民族、阶级、国家、公民、政府等都有可能成为网络政治沟通的主体。网络政治沟通主体的素质不一致真实存在于以下两个方面：一方面，作为沟通主体的政府常常存在缺位现象。理论上，这种缺位现象应该不存在。但是，现实中政府常常对于网民提出的问题不做回应或者只是简单回应。网络政治沟通主体的缺位主要体现在政府作为义务主体的缺位，而非政府作为权力主体的缺位，当政府发现网络为其增加额外的负担或者损害其利益时，政府往往采取不做回应、坐视不管等方法，这就会发生网络政治沟通主体的缺位现象。另一方面，在网络中，网民分为一般的网民和干部网民，在对问题的处理上，二者的观点存在很大的不同。一般网民把网络政治沟通当成实现自己权利的一种方式，他们通常自由地表达自己的看法，参与网络问政的行为积极，热情高涨。而干部网民对于网络政治沟通常常抱着排斥的态度，他们认为这种行为给自己增加了很大的负担，有时甚至妨碍了自己正常行使权利，因此，干部网民对于网络政治沟通往往是消极的态度。另外，网民包括形形色色的人，其中有老师、医生，也有工人和农民，网民之间的文化差异、受教育水平差异等造就了在网络中网民的政治沟通能力是不同的。干部网民之间、普通网民之间、干部网民和普通网民之间的能力都存在差异。

---

① Scott Wright J. S, Democracy Deliberation and Design: The Case of Online Discussion Forums, *New Media & Society* 5(2003), p. 851.

其次，网络沟通政治信息存在“偏在”现象。这是就网络政治沟通的要素的客体来说的，网络政治沟通政治信息偏在主要体现在三个方面，其一，信息霸权。在网络政治沟通中，往往掌握事情真相的是政府，但是政府各部门往往不愿意把事情的真相公之于众，当一件负面的事情发生，有时政府会将其隐瞒。他们会抱着侥幸心理，只有当发现“纸包不住火”的时候，才会公开，或者像挤牙膏一样，每当网民发现一些端倪以后，逐渐向人们透漏一点。其二，信息鸿沟的现实存在。网民和非网民之间存在信息鸿沟，在普通网民和干部网民之间也存在信息沟通，往往干部网民了解内部信息，但他们不会将这些信息公布于众，造成信息鸿沟。即使是在干部网民当中也存在信息鸿沟，干部网民之间因为部门、级别等这个差异，掌握的信息是不同的。其三，信息过剩。政府部门掌握着大量的信息，这些信息当中有一些是有用的，也存在大量的无用信息，政府内部信息过剩，可是政府以外的政治沟通主体往往掌握的信息较少，所以就造成了“内部信息过剩，外部信息不足”的现象。

最后，网络政治沟通要素的媒介网络使用费用过高。从这方面来看，网络政治沟通也存在着不足。在网络还没有很普及的以前，使用网络的费用非常的昂贵。尽管在网络已经很普及的现今网络使用费用已大幅降低了，但还是有很多人承担不起它的费用，城市居民和农村居民的网络普及率也相差甚远，对于低收入者而言，网络其实是他们表达自己意志的最好的手段，他们更需要网络政治沟通，可是，现实情况和他们的自身素质有时候也限制了这种政治沟通的发展。

（2）网络政治沟通过程不畅。首先，网络政治沟通过程缺少应有的秩序规则。在网络政治沟通中，在当今的中国出现的最大问题就是网络无序，有恶意者在网络中恶意操纵、恶意炒作导致网络环境恶化。我国政治沟通没有建立应有的规则和秩序的原因是在网络传播无障碍且速度之快导致信息发布、接受、反馈的无时差传递，最终造成失控言论的瞬间爆发。舆论的失控和网络的失控结合到一起最终形成一种可怕的恶性循环，网络中的失控会体现在现实社会中，最终为现实社会秩序的安定带来威胁。其次，从网民对网络政治沟通的行为来看，在网络政治沟通过程中常常出现非理性行为。在这种“蝴蝶效应”的影响下，人们往往会行为不理性，在网络政治沟通中的不理性行为往往会波及现实。例如，在石首市厨师死亡案中，因为民众不满政府给出的死因生命而义愤将政府网站“黑掉”，导致政府网站瘫痪，在网络政治沟通当中，这种解决问题的方式是值得商榷的，政府网站的功能有很多，瘫痪了政府网站其实从某个角度说也损害了民众自己的利益，这是典型的“蝴蝶效应”的体现，其实，网民的这种行为是非理性的。这种非理性的后果就是使网络沟通不畅，最终禁锢住网民的权利意识的发展。

（3）网络政治沟通效果不佳。网络政治沟通的效果是网络政治沟通是否顺畅的最终体现。但是，我国的政治沟通效果并不是很好，政治沟通存在很大的问题。

第一，沟通的预期效果与实际效果的差距较大。由于网络政治沟通还处在起步阶段，要充分发挥网络作为政治沟通媒介的优势还需要时日。网络政治沟通的预期效果是网络作为媒介提供一个便捷的途径使人们可以自由平等地进行政治沟通，以促进民主政治体制的建立。但是在实际沟通中，网络的优势并没有完全发挥出来。网络沟通的实际效果是一部分人因为缺乏操作能力而被排除在网络政治沟通之外，尤其是在中国这样一个教育不平衡的国家，情况更是如此。

第二，沟通的效果因缺乏制度性保障具有很大的不确定性。由于缺乏制度性保障，我国的网络政治沟通效果有时候并不明显，人们在网络上进行的政治参与往往得不到政府的真正的重视，有些尖锐的话很容易也会被“和谐”，甚至一些基层政府因为参与网络政治沟通的网民所提出的问题影响到了其政府形象而对其进行打击报复。除此之外，由于没有一个制度的保障和规范，人们提出的一些宝贵意见想要被决策者采纳就变得更难了。政府作为网络政治沟通主体的一方，对网民提出意见的重视态度如果提不上来，网络政治沟通就只能是一个名词。若没有一个完善的制度支持网络政治沟通，它在实践中的效果就会大打折扣。

2. 我国网络政治沟通不足的原因

当前网络环境下中国的政治沟通存在许多问题，虽然上文是从沟通要素方面的问题、沟通过程中的问题和沟通效果方面的问题进行探讨，实际上三个方面的问题往往交织在一起，难以截然分开。同样的，网络政治沟通不足的原因也是综合因素作用的结果。概括我国网络政治沟通的不足，主要有以下几点：

第一，在我国无论是政府还是网民参与网络政治沟通的观念意识都不够强。一方面，沟通主体之政府，没有形成对网络政治沟通的正确认识和高度重视。政府官员运用网络进行政治沟通的水平和能力有限，政府在网络政治沟通中的责任感不强；怠于日常网络信息的收集，对于网络舆论的动向掌握得不够及时和准确；各级官员没有养成上网习惯，通过网络了解民意这一工作方法仍然没有被普遍接受。另一方面，沟通对向型主体之公民：作为网民社会公众，由于网络本身的“去中心化”、“隐匿化”的特点，加之微博等交流方式的变化，网络空间语言的碎片化倾向明显。因此，当前推进网络政治沟通的过程中会产生一些问题。

第二，在我国还未建立健全网络政治沟通的相关体制。我国现行政治体制权力过于集中、政治录用及评价机制不健全、决策机制也不够完善。为了稳定政治体制，政府在相关政治信息传播过程中仍然更加倾向于运用传统的政治沟通方式，相对而言，网络政治的新兴沟通方式尚未被政府人员普遍接受，也未形成相对健全的监督机制。这主要是因为，在网络复杂多变以及不稳定的背景下，政府的工作效率难以做到迅速应对、主动引导、积极运用，网络民意发挥不出其正面效应；另外，在网络政治沟通中，政府的角色定位不准确、观念转换不及时、很多政府优势也没有发挥，因此，没能适应网络背景下政治的发展，民众对于公共权力的诉求也没有通过网络得到反映；最后，在处理网络媒介与传统媒介之间关系的方面，大部分政府并没有找到有效的方法，这样也就难以实现与传统媒介的有效过渡，以及二者的有效互补。

第三，作为网络政治沟通载体的网络本身没有达到能够使政治沟通顺畅的标准。良好的网络环境是有效充分政治沟通的重要客观条件，具体分析网络环境存在的问题包括这样几个方面：首先，很多政府网站的建设没有实现应用型政府网络的要求，这样在一定程度上就缩小了网络沟通的渠道。其次，网络文化现存的诸多问题，尤其是网络管理者和网络服务提供商存在很多问题，这些问题主要包括：其一，治理网站的方式、诸多的网站行为等方面存在不合理之处；其二，网站任意操纵舆论、破坏公共领域应有的秩序的现象依旧存在。从制度建设的层面看，如果做不到完善的网络法规体系以及保持网络发展的独立性，那么就很难营造良好的网络发展环境，这样，公众就很难利用网络环境实现有效的政治沟通。

第三节　制约公民权利意识的社会因素

一、法律信仰缺失

（一）法律信仰与公民权利意识的关系

一个国家步入法制化轨道，建设成为真正的法制化国家，两个条件必不可少：一是要有一套完善的法律制度体系；二是要有社会公众对法律秩序的内化的信仰，即在生活中处处信仰法律，相信法律可以解决自己的所有问题。培养法律信仰是提高公民权利意识的重要途径，可以激发人民对于法律的崇高情感，即对法律的信仰之理念，而这种信仰的产生，无疑促进了社会法治精神的形成，进而影响公民权利意识的构建。

培养社会公众的法律信仰能很好地促成一国法治精神的形成，促进公民权利意识的良性构建，从而达到一国法治化状态的确立。而随着互联网的不断发展，滋生了大量的信息的交流与沟通，其中有正面的也有负面的，在倡导言论自由的同时，个体可以随意发表各式各样的信息于网络上，在没有完备的法律规制的网络环境下法律信仰就显得尤为重要。这就需要群众随着国家的发展、法律的不断更新来强化自己的法律意识，培养自身的法律信仰，才能在相对无序的网络环境下提高自己的权利意识，而不被负面信息所左右。

伯尔曼曾说过："法律必须被信仰，否则形同虚设，它不仅包含人的理性和意志，而且还包含了它的情感，它的直觉和献身，以及它的信仰。"① 增强公众权利意识可以推进法律信仰的形成，法律信仰的形成同样可以构建良好的公民权利意识。然而，大量的社会现实告诉我们，对于现行的法律我们并没有完全将之奉为信仰的对象，这就决定了培养社会公众崇尚法律的情感并非易事。可我国若要走法治化道路，要建立健全的法治社会，就必须对公众的法律情感进行培养，最终形成全民信仰法律的美好前景。增强社会公众的权利意识，重视社会主体的自我意识，这是培养法律信仰和培育法治精神的前提条件。社会公众的权利是一部法律的重要组成部分，一部

---

① 参见伯尔曼：《法律与宗教》，梁治平译，中国政法大学出版社2003年版，第3页。

没有权利内容的法律就激发不了公众对它的渴望，也就是说权利意识的培养主要在于主体——社会公众的自我意识的苏醒。

（二）当前法律信仰的缺失造成的困境

判断一个国家是否是法治国家的方法是，当一个问题出现了，如果这个国家的公民想到先用法律解决问题，那说明这个国家是法治国家；如果这个国家的公民想到的是找关系或者干脆忍受下来的，说明这个国家还是人治国家，至少是人治还在很大程度上影响着这个国家。我们可以断定，前种情况，该国一定拥有一套完善的制度和一套健全的程序能够保证公民的权利，而后者公民仍处于“人情社会”中，法律信仰缺失，若想进入法治国家还需要进一步的努力。信仰是一种力量，能够叫人不自觉地追随，并以之为最高准则。所谓法律信仰就是当人们愿意自觉地去接受法律的规制，把法律当成最高的准则和行动出发点，在遇到各种问题时相信法律、不规避法律、运用法律并能够通过法律得到解决办法。法律信仰要求公民自觉守法，要求立法者科学合理立法，不断适应社会生活完善法律，执法者合理行政、合法行政、高效便民、程序正当、有法可依、执法必严、违法必究，司法者依法公正断案、不偏不倚、不搞权钱交易。法律信仰是法治得以实现的关键，法律信仰的缺失会造成人治的倒行逆施、二次循环。

从其他方面来说，法律信仰还反映着这个国家的时代精神和民族意识。每一个国家的公民都信仰的法律精神必定反映着这个国家的发展状况，也必定是这个国家公民集体情感的一种表达。由此可见，法律信仰对于完善的民族精神有促进作用，法律信仰被公民遵从有利于健全的公民权利精神的构建，更有利于法治社会的建立与发展。

网络环境下，树立法律信仰对健全公民的权利意识同样是非常重要的。一方面，法律信仰推进公民权利意识的形成与发展，同时树立法律信仰又会规制公民的权利意识。随着互联网的全面发展，网络上的信息资源异常丰富，这些信息资源当中有积极正面的言论，同时也有激进、蒙昧、迂腐、负面的言论，网络为人们提供了便利且高效的沟通平台，网络已成为一种时尚充斥着人们的生活。在如此多的信息当中，人们不一定会汲取哪种信息，发表哪种评论，因此，在网络环境下，网络法律规制就显得尤为重要，但是由于法律具有滞后性，网络在中国兴起的时间也是有限的，在这种法律规制不健全的今天，法律信仰显得尤为重要。只有在网络大时代的背景下，努力提升自己的法律信仰，不断加强自己的法律意识，才能够不断提高自己的权利意识，并且使之在正确的轨道上运行。另一方面，如果没有法律信仰，网络世界就会陷入混乱，这不仅会阻碍公民的权利意识的健全发展，并且在没有法律信仰的情况下，即使法律健全，人们也不会依法办事，法律也会成为一纸空文，只是形式上的法律，不会起实质上的作用。现在的群体性事件已不像以前那样，网络成为群体性事件的新媒介。网络群体事件通常有网络审判、人肉搜索、网络恶搞、网络流言、网络集会等表现形式。网络像一个放大镜会放大一些观点，因为人们可以匿名畅所欲言，有些人用“语言暴力”来表达自己的观点，当一种观点占据主导地位后，很多不同意见的人的声音会淹没在多数人的评论中，多数人的意见就凸显得更为明显，后来的人便会人云亦云，在这种集体无意识中，多数人的声音就会变成主流，甚至将这种声音体现在现实生活中。例如，有一些民族分离煽动者会在网络之外的现实生活中策划一起“网络群体性事件”，他们策划好由谁负责在哪种交流平台上发动民族独立的煽动性言论，哪些人负责在评论中煽动，哪些人负责转发这种煽动性的言论，并且扩大声势等，通过这种方式策划一起网络群体事件。这种非理性的事件不利于建立健全的公民权利意识。但是若公民拥有强大的法律信仰，具有强大的法律意识，他们的独立意识就会增强，就不会那么容易地被别人的意见所左右，由此说明法律信仰可以规制人们的行为，还可以建立健全公民权利意识。法律信仰也可以弥补法律的不足，成为约束人们行为的“潜在”力量。综上所述，法律信仰若内化到每个人的意识之中，确实会提高公民的权利意识，反之，则会削弱人们的权利意识。

二、网络媒体负向效应

（一）网络媒体

美国学者本尼迪克特曾精辟地解释网络的特征，他把网络描述为：“全球网络化，有计算机支持，由计算机进入和由计算机产生，是多维度的、人造的，或虚拟的真实。它是真实的，每一台计算机都是一个窗口；它是虚拟的，所看到的或听到的，既不是物质，也不是物质的表现，相反，他们都是有纯粹的数据或信息组成的。”网络媒体同传统的电视、报纸、广播媒体一样，是信息传播的一种载体。它是继电视、广播、报纸三种媒体之后的“第四媒体”。

网络媒体作为当今人们了解世界的便捷途径，作为打开人们视野的窗口，作为连接人们关系的纽带，相对于其他媒体，它具有更为重要的意义。[①] 网络媒体在我国发挥着重要作用，它使人们的生活更为方便并且更重要的是，正是网络媒体的出现把世界变小了，但是，我国网络媒体发挥作用的现状并不乐观。网络媒体在经济利益至上的感染下，已经不那么在乎信息的真实性，以致各种不真实消息在网络中层出不穷，八卦信息、游戏态度等在网上屡见不鲜。高雅文化和精英文化被边缘化，人们关注更多的往往不是有关公共利益的话题，而是吸引眼球的八卦绯闻，低俗的宣泄和谩骂代替了

---

① 参见施拉姆：《大众媒介与社会发展》，金燕宁译，华夏出版社 1990 年版，第 69 页。

理性的批判。我国的这种网络媒体带来的负面影响是很不利于推动公民权利意识的健全发展的。将网络媒体的效应朝正向引导的道路虽然任重而道远，但是益处无穷，因此，我们要为之做出努力。

（二）网络媒体对公民权利意识产生的负向效应分析

网络媒体改变了传统媒体“我发你看”的运作模式，取而代之的是与网民互动的运行模式。但是正是有了这种互动，网络媒体除了正向效应以外，开始出现了网络媒体的负向效应。从理论上讲，网络媒体的负向效应是指通过网络媒体获取信息、传播信息、接受信息的过程中所遇到的负向趋势和状态。

有一句比较通俗、但用来形容网络媒体却是最合适的话：“网络是一把双刃剑。”网络媒体的正向效应，从另一个角度来看也正是其负向效应的表现。首先，网络媒体的“虚拟世界”，构成了网民“平等”、“自由”的新的网络社会关系，同时也放大了公民的非理性倾向。网络媒体之所以能构建“平等”、“自由”的新网络社会关系，是因为网络媒体摆脱了以往传统媒体的“单向模式”、形成了“互动模式”，而正是通过这种“互动模式”，滥用平等和自由的事件屡屡发生。其次，网络媒体可以有效地进行“网络动员”，不断强化网民的参与意识，这种网络动员作用在出现一些极端社会事件时，会将传统媒体中的风险效应无限放大。网民通过网络媒体比在现实生活中的人更容易被别人左右，在集体无意识主义中，很容易“三人成虎”。也就是所谓的“舆论塑造”功能作用①最典型的就是运用网络媒体引起的非理性事件，最后，网络媒体是具有公共性、开放性、自由性的“公共信息交流空间”，同时大量的负面信息、娱乐信息和各种各样的言论充斥着网络，使得人们对信息的鉴别和选择更

---

① S. Publicity, *Democracy and Public Opinion*, Norwood, N: J. A. blex Publication, 1993, p. 24.

加的困难。大量的信息增长、信息泛滥，加大了信息的不确定性，逐渐成为人们的负担。由于网络把关人对于信息的把关具有滞后性，通常网友的言论都是在发现存在“异常”后，管理员才会将其删除。由于网络传播的速度很快，一个消息一件事情的传播速度已经远远大于传统媒体的传播速度。海量的信息真假难辨，加上飞速的传播，造成人们往往失去判断，动摇其既已形成的信念和规范，进而影响到现实社会的稳定。这种情况下，人们通常是由于受到过量信息的干预，信息本身的不确定、人们在网络环境下惯有的跟从心理，以及相应监管和必要筛选的缺失导致。

网络媒体所带来的负向效应从作用机理来看，主要是由于网络媒体运作过程中发生的“蝴蝶效应”。传统的蝴蝶效应，又称滚雪球效应，是指在一个特定的环境下，一个微小的改变会引起一个系统内部一连串的连锁反应。简单地说，蝴蝶效应就是一个很小的改变就能够引起很大的变化。网络政治沟通中蝴蝶效应最明显，危害最大。蝴蝶效应来源于美国气象学家洛伦茨在20世纪60年代初的发现。洛伦茨将“蝴蝶效应”形象地比喻成一只蝴蝶在巴西扇动一下翅膀，就能在得克萨斯州引起龙卷风。这种观点与凯斯·桑斯坦提出的雪球效应或串联效应的观点相关联。凯斯·桑斯坦认为，人们在面对新信息时，无论是相信或是不相信，都有各自不同的基准点。当那些比较容易相信的人，也就是基准点较低的人，对信息采取相信的态度并起而行动时，那些基准点较高的人就会随后加入，这个团体就会更加壮大。而信息传递中存在的那个“引爆点”，因此有可能扩大到大众层次、社会层次，甚至可能跨越国界而扩大到国际层次。这样一路演变的过程最后导致雪球效应或串联效应，使得大批群众相信某件事情——不管事实是否为真——而他们之所以相信，只是因为和他们有关的其他人也看起来都相信该事件为真。网络沟通中的蝴蝶效应在政治生活中很是常见。这种网络媒体的蝴蝶效会带来负向效应，有可能事实上只是一件很小的事情或者危害并没有特别严重的事情，却引起了人们巨大的恐慌。2012 年世界末日的谣言在电影《2012》的上映和网络媒体的渲染和网上言论的助推下，成为热门话题，甚至出现了重庆垫江籍木工王明轻信 2012 年世界末日的谣言，花光身上所有的钱，坐等世界末日这样的新闻，通过这件事情，足以见得网络媒体的“蝴蝶效应”的威力可见一斑。每个人都有独立的精神，都有自己的判断力和权利意识，这些判断可能跟别人一样，也可能跟别人不一样，转载自重中之重人的意见所左右，一些人比较不容易被别人的意见所左右，那些自主意识没有那么强的人，就很容易相信别人，从而采取一些行动，而那些自主意识比较强的人在舆论一边倒的情况下，有时也会妥协或者放弃表达自己的观点，随后一种意见就会占据主流，即使有时这种意见是不真实的。这种效应就像是滚雪球一般，越滚越大，从而掩盖了真相或者是网民用口水掩盖了真理。这种“蝴蝶效应”有时在网民力量的支持下，甚至会引起时局的动荡和政治的稳定。

三、网络文化开展不充分

（一）网络文化对公民权利意识的影响

网络文化是一种新型的文化形态，主要借助于计算机技术的发展作为主要传播手段，其特殊之处就在于表现手段是依赖网络资源而创造出的精神财富和物质财富的总和。网络文化的出现，为人们的生活方式和工作方式、为社会的生产方式和决策方式等进行了崭新的变革，由此引发人们在思维方式和观念基础等方面重大的改变。但是，网络文化的广泛性和与民众生活的密切关系，使得网络文化在公民权利意识的培养中既有积极影响，又有消极影响。

1. 网络文化促进公民政治参与权利意识

网络文化对于实现政治稳定和民主政治有着非常重要的意义。

网络文化主要体现参与型的文化。这种文化的最大作用就是将成员参与其中。网络通过巨大的平台作用，丰富了公民政治参与的各种形式，扩大了公民政治参与的范围，促进公民的参与意识得到极大释放，这是网络文化最显性的特点。网络文化的构建，使得公民为了实现自身的政治价值，充分地参与以致影响到政治决策，进行政治监督，进而影响到现行的政治制度和政治运行规律。网络文化中各种信息的自由交流和传递，对于公民实现民主政治的观念更新，提供了理念背景。在网络文化中，公民突破了国家、地域等有形限制，培育公民的民主与理性，极大地激发了公民对政治参与的热情，提升了公民政治参与的权利意识。

2. 网络文化促进公民社会责任意识和法律意识

网络文化可以强化公民社会的责任意识。通过网络文化的熏陶，公民会积极关注公共道德事件，遵守社会主义职业道德和家庭美德，维护公共安全与秩序，强烈谴责有辱社会公共道德的行为。同时公民通过网络可以形成良好的社会舆论，为公民表达社会责任提供了有效的途径，增强了公民的社会责任意识和能力。此外，网络文化还普及了公民的法律意识。

3. 网络文化对公民权利意识的消极影响

网络文化本身内容的缺陷对公民权利意识有着更为深远的影响。由于网络文化也有糟粕，其中的过度自由、消极虚假部分，既淡化了公民权利意识，又削弱了公民权利意识的形成。公民责任意识淡化，首先表现为在网络上制造和传播缺乏社会责任感的言论和图片。例如，发布不雅照片，教唆迷信，恶意传播计算机病毒，侵犯或泄露个人隐私等，这些不当信息体现出网络文化当中的糟粕，如果传播者没有受到法律的制裁，那么人们会认为这样的行为是被默许的，这会引起网民的权利滥用，最终这种糟粕会对公民权利意识产生不利的影响，并且网络文化的开放性和广泛性使得虚假言论和违法侵权言论不可避免地在网络中出现，这些都会破坏良好的网络文化氛围，从而公民对网络文化产生抵触情绪和不信任感，公民的权利意识无形中受到了影响，这必然会削弱公民权利意识的形成。另外，社会环境是现代公民权利意识淡薄的现实基础。

（二）公民教育对公民权利意识的影响

公民权利意识的提高首先要以人的文化素质的提高为基础，我国公民政治法律意识的淡薄与公民权利意识教育的落后有着直接的关系。虽然目前我国各种教育形式已经普遍存在并逐步完善，公民文化知识水平有了很大的提高，但仍有一部分人素质低下，公民权利意识、平等意识、法律意识薄弱，不能正确地运用法律手段来维护自己作为一名公民的正当权益，也不能很好地行使公民应有的基本权利。由于缺乏必要的知识，他们对国家的方针政策只是被动接受，并不能主动提出自己的建议和看法，他们的权利意识也就无从提高。随着网络的普及和网络设施的健全和完善，公民进行网络交流日益增多，随之网络文化也渗入公民的公共生活中。

1. 传统公民教育对公民权利意识的影响

我国的教育自古以来就推行填鸭式的“应试教育”，并不注重对学生素质的培养，就更不用提公民权利意识教育了，很多学生甚至连公民意识的概念都很模糊、缺乏基本的判断力和认知力。在“学而优则仕”思想的影响下，学校教育成了升学教育、应试教育的代名词，这种学校教育忽视了学生健全人格的培养和道德素质、法律素质、政治素质、社会素质、创新素质等素质的培养。应试教育既不利于健全人格的培养又忽视了公民权利意识的培养。目前，我国学校中缺乏对公民权利意识的培养，如对公民的权利意识教育不强、公民权利意识培养体系不健全、把公民权利意识培养简单地等同于公德教育或社会责任教育。所以，我们要摒弃应试教育。除此之外，笔者认为，学校的公民权利意识培养缺乏具体的要求和实施计划，进行的公民权利意识的培养都比较“假、大、空”，并没有落实到实处，也没有安排得很细致，再加上学校德育本身因受“应试教育”教学模式的冲击而未得到真正的重视，学校公民权利意识的培养也只是流于口号而已。这些问题，在一定程度上造成了我国目前学校公民权利意识培养较薄弱和落后的局面。因此我国公民权利意识教育也呈现出滞后状态。

2. 大学公民教育对公民权利意识的影响

就大学生的权利意识教育而言，培养他们的公民权利意识，具有重要的现实意义和突出的紧迫感。但是，长期以来，我国大学德育没有以培养公民意识为目标，因此，应建立以大学生公民权利意识的培养为立足点的大学德育体系。在大学时期加强对大学生公民权利意识的培养，可以起到在人生其他阶段进行公民权利意识教育起不到的效果，因为大学生通常都具有很强的属于自己的独立意识；另外也说明，如果我们不在这一大好时期引导学生，拜金主义、享乐主义、极端个人主义、见利忘义、以权谋私、腐化堕落等现象就会腐蚀大学生，如果大学生轻易就被腐化，那么走向社会的将只是一群缺乏公民权利意识、没有社会责任感的经济竞争者而已，那么这种教育就是一种失败的教育。因此，我们应该抓住大学这一关键时期，加强对大学生的公民教育，使之成为能够积极参与社会生活的合格公民，在懂得如何行使个人权利的同时，又注重履行自己的责任和义务。学校教育是公民权利意识培养的重要一环，也是公民权利意识培养的主渠道。学校教育与社会主义精神文明建设在根本目标上是一致的，都是培养“四有”社会主义公民，培养公民必须增强公民意识。因此学校要从多个方面入手，加强学校公民权利意识培养，改善公民教育的落后现状。首先，要在思想上确立现代公民权利意识培养是社会主义精神文明建设的重要组成部分，学校教育的根本任务是培养社会主义公民，学校教育是现代公民权利意识培养的主渠道。其次，建立和完善学校公民权利意识培养体系，推进学校公民权利意识培养的制度化和规范化。再次，加强学校的“公民文化”建设，形成学校公民文化氛围，从物质、制度和心理等层面上引导学生形成正确的公民权利意识。除此之外，充分发挥学校教育的各种载体和途径，包括各科教学、德育、班主任及团队工作、校园文化、社会实践等载体和途径在培养学生公民权利意识上的作用。尤其重要的是，学校应鼓励和创造条件让学生以公民的身份和角色积极参与校内外实践活动，以激发其公民权利意识的产生。最后，研究当代学生公民权利意识取向的特点规律，增强对学生公民权利意识培养的科学性和有效性。针对当前大、中、小学生公民权利意识的弱化倾向要注重从公民规范到公民权利意识的内化规律和公民素质养成从知到行的规律，加强公民权利意识的养成教育，注重对公民权利意识正确的价值导向和知行结合的培养。

第四章　网络环境下公民权利意识的应然形态

本章主要是构建一个公民权利意识的理想目标，即网络环境下公民权利意识的应然形态。网络环境下公民权利意识的价值基础在于实现网络环境公民权利与公共权利的良性互动，通过平等、对话、协商理念构建政府与公民的新角色，以虚拟公民社会为基础讨论现代民主政治的独立性个体，有效应对互联网政治生态危机；根据公民权利意识的发展规律，不断推进网络环境下公民权利认知自觉化、网络环境下公民权利主张的普遍化、网络环境下公民权利的纵深化，以实现网络环境下公民权利的正常行使；同时，考量网络环境下公民权利的行使，考察网络环境下话语民主的可能和限度，讨论虚拟社群价值和规范的确立，以及网络伦理道德的规范与建设。

第一节　网络环境公民权利与公共权力的良性互动

一、公共权力主体新角色的合理定位

（一）政府和公民的新角色阐释

随着网络时代的到来与网络技术的不断发展，政府与公民在社会生活中的角色也在悄然发生着变化。互联网技术的发展以及我国网络覆盖范围的不断加大，为政府的角色变化提供了可行性。政府角色正从包含计划经济时代的统治型政府和转型期具有过渡性质的管制型政府的传统政府模式向服务型政府转变。服务型政府的根本价值是公民本位，公民本位是指政府在经济、社会与管理活动中首先考虑的是公民的利益，追求公民利益的最大化，保障公民意志在公共管理和公共政策制定中的决定地位。正如新公共服务理论所主张的“政府的角色将定位于确保公共利益居于支配地位，确保公共问题的解决方案和其产生的过程都符合民主规范和正义、公正、公平的价值观。”① 电子政府的建立，是我国全面建设服务型政府的一个重要方面，一个社会电子政府的发展程度也可以全面体现其政府的服务性的发展程度。电子政府是指“在网络信息化的情况下，在对传统政府的行政职能及业务流程进行重新构建的基础上，以计算机网络技术为平台，实现政府新模式下的公共管理与服务的职能，在这种条件下所形成的一种有效的新型的政府运作模式。”② 它是网络信息化时代下政府管理模式的创新，有效地为实现管理的合理化、

① 参见陈炳、高猛：《网络时代政府与公民社会的沟通问题》，载《探索与争鸣》2010 年第 12 期。

② 参见钟明：《电子政府：现代公共服务型政府的实现途径》，载《中国软科学》2003 年第 9 期。

民主化提供便利条件，是构建服务型政府的首要工具。加强电子政府建设有助于推进办公自动化，有利于降低行政成本并提高效率，为实现公民参与网络政治提供了有力的保障。

（二）平等、对话和协商理念下政府与公民的新角色

平等即指均平齐等，无高下、浅深之差别；对话是指两个或两个以上的人之间的谈话，双方或多方之间接触或会谈；协商是指共同商量以便取得一致意见。协商对话是指“围绕公众关心的重大问题，由政府有关机构的负责人，与有关的公众群体或团体进行平等的、直接的、公开的对话，面对面地听取公众的意见，回答公众的问题。”[①] 在领导和群众之间、这部分群众和那部分群众之间，通过对话来沟通情况、交换意见、平等协商，以便正确处理和协调各种不同的社会利益和矛盾。建立社会协商民主对话制度，是政治体制改革的重要措施。[②] 在平等、对话、协商的理念下，政府成为公民网络民主参与的领路人、网络治理法律法规的提供者、网络伦理道德建设的积极倡导者、网络公共服务的提供者而不是原先的统治者；公民成为政治的参与者、决策的制定者，彻底清除了官本位思想。通过平等、对话、协商理念构建政府与公民的新角色的境界应具有以下特点：

首先，具有完善的政务公开法制环境。一个完善的政务公开制度，必须有相关法律法规以及国家强制力来保证实施，促进政务公开。专门针对政务公开的法律制度，要对政府需要公开的各项政府公务、各项政务公开的时间及违反政务公开法律法规需要承担的责任作出详细的规定，使政府在政务公开活动中有法可依，也使监督

---

① 参见李学军：《政府形象塑造与传播：问题与对策》，载《西南民族大学学报》（人文社科版）2011 年第 12 期。

② 参见［美］威廉·雷吉、詹姆斯·博曼：《协商民主：论理性与政治》，中央编译出版社 2006 年版，第 2 页。

部门对政府在违反政务公开法律法规时有处理的依据。政府公开的相关法律中要对政府公开的各方面进行详细的规定，除了涉密信息外，其他与公民利益相关的信息必须得到及时公布，使公民知情权和监督权得到应有的保障。

其次，形成网络政治参与的有序机制。一方面，为防止公民过度参与导致无序化，政府需要制定相关政策来规范公民的网络政治的参与行为。比如网络实名制的实行，可以有效地防止一些别有目的的人参与在线的公共事务管理、决策、投票的时候散布一些不负责任的信息、甚至是虚假信息。另一方面，政府还需要制定相关的政策来保护公民进行网络政治参与时的合法权益。公民与政府互动的主要表现形式就是公民的网络政治参与，政府要维护网络公民的参与权，保证公民在政治参与活动中的意见和建议得到充分尊重，就要在实体和程序上同时保障公民网络政治参与的合法权益。

再次，具有全民平等的网络环境。政府应积极地为公民开辟免费的上网环境，这些地点可以设在具有公共服务性质的区域，如社区活动中心、学校、图书馆等处。政府可以通过自身的力量或是借助社会力量对那些缺乏上网技能的人进行培训，使其具备基本的网络政治参与能力。针对身体存在缺陷的人群，政府可以组织相关技术人员为其开发一些智能型计算机，以便使他们通过网络进行政治参与和沟通。在网站的建设内容方面，应定期更新，保障公民及时准确地获取信息，进行网上政治参与；对于政府网站的版面设计和结构布局，要树立以“顾客”为中心的理念，不断对其进行创新及完善以此来拓宽公民政治参与的渠道。

最后，政府部门及其公务人员应具有较强的网络信息意识和危机处理能力。随着信息全球化的到来和不断发展，公务人员尤其是领导干部要强化网络信息意识，通过网络满足公众的信息需求是政府的责任，公务人员要树立政务信息公开的信念，打破各种阻碍，保障政府信息自由畅通，维护公民获得政府公务信息的权利。此外，由于信息化、全球化和现代化所带来的负面影响，尤其是对网络信息方面的影响，加上网络公共领域虚拟性的特性，容易使民众在非理性力量的引导下，引起网络危机事件，因此现代政府应树立网络危机处理意识，增强网络危机预防能力，提高网络危机处理的能力。同时，政府工作人员要确保其公开信息的权威性、可靠性，以此来提高政府的公信力，使政府网站真正成为服务民众需求的中心。

二、现代民主政治——独立性公民个体的确立

（一）网络公民社会的理想愿景

1. 网络公民社会的应然形态

在现代西方，公民社会是一种特殊的社会，主要的结构型要素包含了主体、行动、价值规范以及公共领域四类。从主体角度来看，分为公民个体和利益集团；从行动来看，涉及公民投票，发起社会运动以及场外游说等各种形式；从价值规范的角度来看，比较典型的有人本主义和多元主义，体现出法治性、参与性与开放性等价值取向；从公共领域来看，是指可供公民自由开展公共言论的空间，主要借助各种媒介形成。在西方发达国家，成熟的公民社会的主要传播媒介是通过互联网形成的，同时也由于互联网的发展，对行动载体和组织方式进行适应性的调整和基本作用的转型。东欧国家随着互联网的发展，重视通过互联网表达出的利益诉求，以及开展互联网环境下公民社会的重构；当代中国的公民社会的培育与建构，起源于互联网，发展也是由于互联网的促进。总之，从全球范围来看，互联网对于公民进行以国家权力为指向的参政议政、树立公民的政治参与意识起到了至关重要的促进作用，同时，对重塑和调整传统公民社会中的相关权力主体和活动载体，甚至是行动目标的拟定和组织方式的确定都产生了一定的影响。

网络公民社会的外部环境在与政治、经济、文化和社会存在物质、能量和信息交换的过程中，呈现出或隐或现的动态边界。从内部条件的角度分析，网络公民社会的主体具有多元化的特点；主体在网络公民社会中行动的表征呈现出政治性、实质显现为利益化；网络公民社会使得公共领域呈现出时空化的特点；网络公民社会的存在使得现实公民社会的价值与规范多元化等呈现出结构性变化。从运行机制角度分析，公民个体和利益集团是网络公民社会的政治行动主体的两个重要组成部分，他们参与公共事务的方式主要是通过网络媒介和虚拟社群。在以公共利益为主要指向的政治行动中，政治参与主体充分发挥微观权力和话语民主的作用，通过参与协商和资源动员，对国家的公共政策产生影响。在网络公民社会中，国家与政府之间的关系得到了重新定位，网络公民社会不仅增强了公民与国家的对话协商能力，加大了社会权利对国家权力的监督和制约，同时也使得公共权力中的公共参与得到了国家和政府的重视。

2. 建构理想网络公民社会的可行性

第一，马克思主义社会历史理论研究的深化和拓展，为建构理想网络公民社会精神提供理论支持。马克思历史唯物主义告诉我们要认清历史形势，利用一切有利条件和时机，敢于变革，推动人类社会向更高的物质文明和精神文明发展。“马克思的市民社会理论强调主权在民，确认市民社会成员的主体地位，运用法律对政府机关及其官员进行限权制权，保障民众的权利实现和政府权力的依法行使”①。马克思的市民社会观，主要是基于社会结构的分类标准来研究分析市民社会与政治国家，其所探讨或者力图解释的是人类社会生活的不同领域的基本构成，如相关的概念、区分的特点以及运行规律，

① 参见秦国荣：《市民社会与法的内在逻辑——马克思的思想及其时代意义》，社会科学文献出版社 2006 年版，第 403 页。

马克思的市民社会观体现了对马克思社会历史理论的继承与发扬。马克思唯物史观的当代发展为当前的公民社会提供了重要理论依据，为建构网络公民社会提供了精神型塑和理论支持。市民社会的个人权利和利益保护诉求以及由此所建立起来的个性自由和自律理性精神，“展现着公民在国家和市民社会的双重组织生活中的个性与共性、自由与责任、权利与义务的和谐统一”①。而现阶段我们所提出的公民社会，正是市民社会发展到当今历史条件下的产物。如今的公民社会借鉴历史经验、立足历史条件、顺应历史趋势、充分运用马克思主义唯物史观及市民社会理论的指导作用，坚持实事求是的基本立场，以马克思主义唯物史观的当代化理论作为构建网络公民的精神支柱。

第二，转型时期的市场经济和政治改革为网络公民社会提供制度基础。市场经济与市场化的生存方式所带来的一切社会现代性特征，提供了形成公民社会的制度性基础。网络公民社会有利于实现公民对国家政治活动的民主监督，它使大多数人都可以参与到国家的政治活动中，一改以往公共权力的行使和运用总是少数几个人决定的情况。网络公民社会理论为我国逐渐形成“公民本位”和“社会本位”的思想起到了巨大的促进作用，它是国家、公民和社会沟通的桥梁，为三者之间形成良性互动提供了有效渠道，确立和强化了公民的权利意识和责任意识。

第三，网络化、全球化的特殊际遇，为构建理想公民社会提供了有利的条件。从全球化的宏观背景条件下来看，中国公民社会的形成与发展，进一步改变了中国传统社会中根深蒂固的不合时宜的非现代的价值观念。“全球化推动了全球经济的发展，从而为人的发展提供了更加可靠的物质前提”②，同时，网络化所强调的对人的个

① 参见马长山：《国家、市民社会与政治》，商务印书馆2002年版，第177页。

② 参见刘明合：《交往与人的发展——基于马克思主义的视角》，中央编译出版社2008年版，第109页。

体性与主体性的发展，恰恰是公民身份与公民意识形成的基础性条件。网络化可以消解权力与权威、扩张个体权利，使社会成员的独立主体意识、自我需求与发展意识、独立权利意识等得到极大的激发与强化。

（二）网络公民社会对培育公民政治独立性的作用

公民社会是一个以个体公民身份为核心的民主社会，在公民社会中，公民个人的权益和利益都会得到最高程度的保障。要发展公民社会，就要培养出合格的公民。网络技术的出现与发展，促使了网络公民社会的出现与发展，网络技术的变革，又通过网络媒介促使了网络公民社会的变革。网络公民社会包含了传统公民社会与网络社会的诸多优势，为公民的话语权、知情权以及监督权提供了良好的渠道和平台。网络环境下所体现的自由、民主正是公民社会的基本要求。

1. 网络公民社会提供了公民政治独立的土壤

首先，网络能使社会成员更加自由、自愿和自治地结社，成为公民政治独立的一种重要途径。当然，公民社会要增强公民的数量还需要足够大的规模。网络在当代公民社会中所发挥的作用主要体现在它如何增强公民个人结社的能力上，并且网络发挥其作用还由公民实际上是否会利用这样的机会来决定。其次，网络交往能增强公民的话语权使网民成为“压力集团”来面对社会中存在的各种负面问题，并在改变公共政策方面发挥着重要作用。网民的声音，在一定程度上迫使公职人员在行使基层公权力时处在前所未有的紧张和惕厉之中，恪守着基本的人伦底线和政治伦理。最后，在公民社会中人们通过公共社会交往中的相互沟通和理解以及不同观念和价值自由的碰撞与融合而形成了一个理性的文化批判领域。

2. 网络公民社会提供了公民行使政治性权利的保障

（1）网络公民社会为创建公民社会组织、保障公民结社权提供了便利。网络是一个可以支持社会每个成员之间自愿、自由和自治的特殊结社。“一个民主政体如果存在的话，就必须相应地存在一个参与性社会，即社会中所有领域的组织体系通过参与过程得到民主化和社会化的一个社会”①。网络为虚拟团体或组织机构的建成以及发展提供了基本的支持，网络能够增进少数因特网用户个人和团体的力量，通过使用因特网，人们可参与各种网络平台，如电子邮件、社交网站、论坛、维基百科等消费相对低廉的手段，从而网络使用者的在线交往能力不断得到增强。网络还允许个人和组织结成超越于疆域界限的限定，寻求参与各种公共团体的权利。②

（2）网络公民社会提供了行使公民知情权和言论自由权的空间。网络信息的易得性对公民的知情权起到了保障性作用。知情权是人们行使一切民主权利的重要前提。公民依法享有选举权、参政权、监督权等民主权利。而公民正确行使这些民主权利的一个重要前提是信息的获得，因此，政府应充分保障公民获取政府信息的权利，保证公民行使民主权利的自由。另外，知情权是防止政府权力滥用的一道必不可少的重要防线。保障公民及时合法地获取政府信息，遏止暗箱操作，是实现阳光政府的有效途径。网络的使用具有低门槛和低成本的特点，使得社会成员大范围使用网络获取政府信息成为可能。拥有使用网络能力的社会成员，就可以在网络空间自由地表达自己的看法、思想及评论。

（3）网络公民社会增强公民参与的平等性。著名学者托克维尔在其所著《论美国的民主》一书中对美国民主进行了充分的探讨，对于美国民主的相关概念进行了详细的揭示和介绍。通过对美国民

---

① 参见［美］卡罗尔·佩特曼：《参与和民主理论》，陈尧译，上海世纪出版集团2006年版，第43页。

② Walzer M, Equability and Civil Society, In Chambers S and Kymilicka, W. (Eds), *Alternative Conceptions of Civil Society*, Princeton University Press, 1992, pp. 34－39.

主中美国公民对于结社的认识和运用充分分析之后，总结为文明社会的一个重要特征是公民身份的平等性逐渐扩大，而公民身份的平等性扩大的重要表现则体现在结社自由的广度和深度的发展与促进上。[①]在理论上，平等性是网络用户具有的一个明显特征，网络用户之间没有后天附加的各种人身差异造成的不平等。一旦接入因特网，任何人都可以自由地消费、分享和交换自己的见解和观点。如今，因特网技术的普及，增强了公民参与的平等性。相较而言，网络出现之前进行直接民主费用很高，一定程度上对平等性也有所限制。[②]

3. 网络公民社会为实现公民政治独立削弱制度羁绊

公民在自由组织和参加社会组织的同时，也应该免于外部的制裁和强制。网络这种非面对面的交互方式的特征，使其能够实现一种无视性别和种族等个人特征的参与，允许公民在发表各种新的观点和见解的同时不必担心制裁，这一要求不仅构成了公民社会的基础，也是言论自由权实现的必然途径。当然，网络上的无记名交往的优势并非绝对化，在一般情况下，明文传输协议（clear text protocols）无法防止对数据的跟踪和窃听，同时，这种传输协议也为追踪你的电脑留下证据。在现实生活中，网络服务器或网页的所有者能够追踪访问者的活动记录。在法治国家，调取这些记录的权利只属于法院。一旦放弃匿名，个人就可能有遭到强制或制裁的风险。

---

① 参见托克维尔：《论美国的民主》，曹冬雪译，商务印书馆 1989 年版，第 89 页。

② Luskin R. C. F. J. S. P, Deliberative Polling and Policy Outcomes: Electric Utility Issues in Texas: The Annual Meeting of the Association for Public Policy Analysis and Management, Washington, DC, 1999.

三、理想化互联网政治生态的互动机制

（一）互联网政治生态的产生

政治生态作为生态学和政治学的结合体，是从西方文化传统理论中演化而来的。政治生态学实际上是将生态学领域的理论运用到政治学的框架之内，以期为政治的发展创造一个更为和谐的环境。来自美国哈佛大学的 J. 高斯最早将生态学的观点与方法运用到对社会现象的研究之中。这种理论的结合把政治体系置于更为广阔的背景之下，包括社会环境、经济环境、文化环境、自然环境等。在这样的环境背景下，生态政治理论站在了全人类最高生存利益的高度上指导政府和社会的有序运作。当代著名政治生态学家利比兹也承认，马克思主义理论中的很多观点的确可以成为政治生态学的优秀学术资源。当前，以辩证自然观与唯物史观作为对政治生态研究的理论基石，无产阶级的先进党自觉掌握政治生态的主导权，进行政治生态建设是非常具有现实意义的重要问题。

互联网政治生态系统作为以信息为核心的生态系统，是在一定时间和空间范围内，由互联网政治成员与其环境而组成的一个有机整体，该整体具有一定的大小和结构，在这个整体中各成员产生信息，并借助信息的传递而相互联系、相互影响、相互依存，最终形成具有自组织和自调节功能的复合体。互联网政治生态系统的结构模式各异，从微小博客到较大国家甚至整个世界都可以构成互联网政治生态系统。

互联网政治生态为公民权利的实现提供了现实可能性，使公民权利成为制约公共权力运行的有效方法。在生态政治的指导下，公共权力可以实现运行的透明化、公平化，达到政治与生态环境、政治与社会环境以及政治内部各要素间的协调发展的目的。对公共权力与公民权利的明确界定，厘清二者之间的联系与区别，在这样的

基础上研究公共权力的运行与公民权利的保障，有利于提高我国公权力运行的效率与透明度，有利于保障我国公民权利的实现，有利于促进我国和谐社会的发展。

（二）理想化互联网政治生态系统模型的互动机制

互联网政治生态是一个包含着诸多要素和多个子系统的复杂系统，而互联网政治信息就是连接这些复杂关系的桥梁。围绕着互联网政治信息这一核心，信息通过一定的方式在成员之间进行流动，并通过相应的管理控制方式，使各子系统和要素之间相互作用进而形成了复杂网络，从而达到一种相对的动态平衡的效果。

理性假设：在哈贝马斯的研究成果中，最著名的就是理想沟通情景的理性规则。该规则的主要内容有三点，假定：(1)每个独立公民具有发言自由和行动自由，并且都能主动参与并讨论公共事务；(2)每个公民都具有足够理性，对于任何不同于自己看法的主张，提出反对意见，自由表达自己的想法，包括但不限于自己的真实意愿、态度、需求及喜好等；(3)每个公民都是平等自由的，不存在任何外在权力限制其表达意愿、表达自由。① 这些理论在网民进行网络参与机制的情况下也同样适用：其一，网民网上参与机制为参与者公平参与政府的公共事务讨论提供了可靠的保障；其二，网民网上参与机制确保了参与者的言论自由；其三，网上公民参与机制对参与者的言论没有严格的限制，从而可以为参与者营造开放、自由的交流空间。

互联网政治生态系统，由许多子系统构成。这些子系统中，网民系统、传统媒体系统、电子政务系统和网络政治舆情系统发挥着最为主要的作用。互联网政治生态系统各子系统不是孤立运行的，它们相互之间具有紧密联系，体现出较强的共生性、依附性，通过

① Wahl-Jorgensen K., Galperin H. Discourse Ethics and the Regulation of Media: The Case of the U.S. Newspaper, *Journal of Communication Inquiry*, 24(2000), pp. 19 – 40.

各系统在各环节之间交换信息，控制信息的具体流向和过滤等，共同作用构成一个复杂的系统，即互联网政治生态系统。如图 4.1 所示：

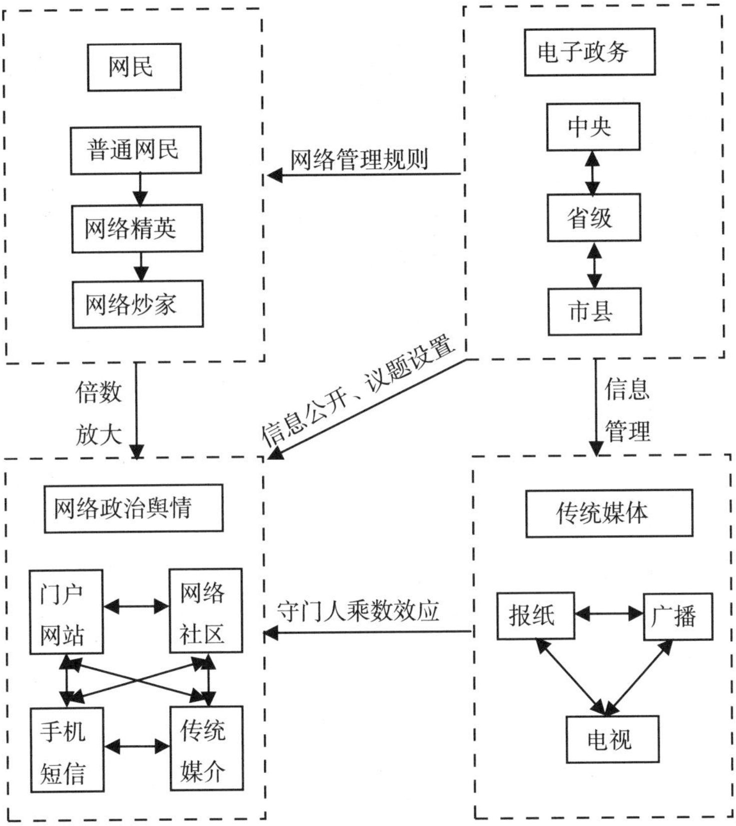

图 4.1　互联网生态系统

Fig.　4.1　Internet Ecosystem

网民系统，是由各种形形色色分散的网民，包括普通的草根网民、网络精英、网络政治家等组成，其在互联网政治生态中居于源头地位，是各种信息的主要提供者，其所提供的大量信息，构成了网络政治舆情系统中的信息源；传统媒体系统，即传统的电视、广播、报纸等，其在互联网政治舆情系统中仍占据非常重要的地位。

其基本功能是对互联网政治舆情系统发挥乘数作用，也就是对信息的传播起到放大功能；另外，仍然承担传统的守门人作用，在针对一些不良信息时起到过滤和控制的作用；电子政务系统，即由各级人民政府的官方网站构成。在整个互联网政治舆情中起到重要的调节作用，其基本作用是通过信息公开、议题设置，引导公众的各种情绪宣泄，设置各种网络政治原则和规则，适时监控各种表达平台；网络政治舆情系统是一个复杂系统，在互联网政治生态系统中居于核心，上述三个系统就是在此系统中运行，维护该系统的正常运行。在该系统中，汇集了各种网络政治信息，在充分交流和融汇之后发挥影响。

1. 网民系统

各种各样的网民是互联网政治生态系统中最活跃的因素，也是最根本的组成要素。要成为该系统的一名成员，仅仅靠上网浏览网页和新闻是不够的，必须体现出相应的政治属性，要对政治生活有着强烈的使命感和责任感，积极加入其中。因为互联网政治在一定程度上就是民主政治的具体运用，或者说是民主政治在新时期的新形态。网民在网络政治生活中，首先通过各种信息平台获得大量的信息，然后根据自己的兴趣和爱好进行选择、甄别，找到自己感兴趣的信息，对当前社会生活中的各种政治事件、政治现象进行交流和探讨，形成自己的意见和看法，同时在交流中传播、放大自己的信息和观点，进而形成一致的公众舆论。在此基础上，对政治热点焦点问题，进行分析、评价；对涉及公民个体的民生问题，在决策的整个过程积极参与，表达意见；对社会性事件，适时跟进，提供建议和意见，与相关的国家机关进行对话。

2. 传统媒体系统

传统媒体系统，是通过电视、广播和报纸的形式来进行信息的传播，容易受到时间和空间的局限，因而传播的速度、实际效果逊色于网络。但相较而言，传统媒体仍然可以认为影响很大，主要是分析比较其受众范围仍具有一定的广泛性，毕竟还没有真正实现全民上网。传统媒体也结合了网络技术的运用，通过网络或者手机等新型平台，吸引人们，减少传统媒体与人们之间的限制，成为互联网政治生态的一部分。传统媒体在互联网政治生态中发挥作用的过程一般是这样的，在某些网络信息的引导下，萌生出舆情现象，继而传统媒体加入其中，对这些信息进行调查，采取各种既有的手段进行取证、适时跟踪、挖掘其实质原因，揭示信息的真与假，供人们和政府进行参考，解决问题。在此过程中，传统媒体和网络媒体两者之间以积极互补的态势展开互动，体现了民主政治的监督力量。

上述传统媒体发挥的作用，是将信息的真实性提供出来，并且普遍传播。此外，传统媒体具有的守门人作用，在网络中仍然继续，有效地弥补了网络媒体的不足。网络媒体中，最大的真空在于可控性差，网络信息传播便捷，但真假难辨，而且往往是假的比真的传得更快。发展至今，传统媒体已经建立较为完整的控制系统，能够有效地对各种信息进行过滤和筛选。在网络中，传统媒体仍然需要对各种网络信息进行拣选、检查和引导，对于网络天然不可避免的失察性进行有效的补充和完善。

3. 电子政务系统

电子政务系统的出现，开创了互联网时代民主的新形态。也对当前的政府部门提供了更多的机遇和挑战。从政府的角度来看，电子政府系统能够提高政府工作效率，借助网络技术，可以极大简化政府的工作程序和流程时间，降低了工作成本。同时，也是政府与公民进行直接对话的主要渠道。在这个渠道中，不可避免地会出现一些公民的情绪宣泄，甚至是比较过激的言论。电子政府系统在此应承担调节的基本功能。当出现问题的时候，回避问题绝不能解决问题，通过建立一种妥协对话机制，对不满情绪进行疏而不是堵，过于刚性的政策和态度，在网络环境下容易引发更严重的事件。只有切实做好政府的基本工作，充分信息公开，和畅通沟通渠道，设置合理规则，对互联网舆情积极面对，增强国家的权威。

4. 网络政治舆情系统

网络政治舆情系统，是一个非常重要的体系。舆情的出现具有一定的必然性。社会的变革、技术的革新、经济的发展、技术的提升等都会导致人们产生各种想法，在各种利益群体的作用下，舆情就会出现。这种舆情的实质就是一种情绪的宣泄和表达，或者说是人们精神压力过大，需要找到一定的缓冲途径。互联网提供了这样一个宣泄和缓冲的平台。人们迅速在此聚集，由于摆脱了现实身份的限制，人们在网络中畅所欲言，获得精神和心理的平衡。对此，政府、国家应在合法合理的范围内，给以一定的政治宽容。合理的尊重不同声音、不同观点的存在，释放人们的不满和抱怨，以柔性政策关注和化解。通过网络这样一个沟通平台，实现真正的上下无限制的畅通沟通，增强民主决策的科学性和客观性，更加体现和贴近民意，提供民主政治的效率，只要国家充分利用好网络中的各种信息技术和资源，就会增加国家的权威，获得发自人们内心的认同与肯定。

第二节　网络环境下公民权利的正常行使

一、网络环境下公民权利认知自觉化

公民权利认知的自觉化是指公民作为权利主体对自己应该或实际享有的利益的了解和认识到达了自觉认识的程度，清楚了解自己作为公民所应享有的权利。如果没有权利认知的自觉化，即使实际享有权

利，也并不知道自己享有权利并怎样去行使权利，因此也有可能因为无意识的放弃或被迫丧失而随时可能失去此种权利。公民权利认知自觉化体现了公民对于权利的基本看法，也体现在对自己做出具体行为的一种自发性或驱动力。态度通常能够指明行为的方向。

（一）权利认知自觉化的理论探讨

公民对权利的认知，一直是处于被动的状态。公民对权利的认知能否实现自觉化呢？马克思主义唯物史观的基本观点和基本规律，对我国应对复杂国际环境，为我国公民权利意识的培养提供了方法论。马克思在唯物史观中的最重要、最基本的一个观点，社会存在决定社会意识，社会意识反作用于社会存在的辩证关系。这种社会意识与社会存在之间发生关系的具体作用方式，即社会意识是对社会存在一种思想意识的反应与投射，反映了人们对社会生活的看法，对社会关系的思考，以及对社会环境的适应等。马克思在谈到社会存在与社会意识的关系时，主要谈到了以物质生活为表象的社会存在，影响着社会生活的各个方面，不仅在政治或精神方面体现出了社会存在对社会意识的决定意义。恩格斯对社会意识的作用也给予了高度重视，亦即认识到物质生活是一切社会现象的最初出发点，但并不是说社会意识就是毫无作为的，社会意识的作用通过思想领域来表现，其意义也十分重要，只不过是排在第二位。此外，结合马克思对于人的本质的基本看法，人不能简单认为是一种个人的抽象体现，人的本质体现在人与人之间的关系，以及所有社会关系之间。对于作为人存在的公民，在理解其权利认知时应重点理解能动性。人必然进行实践活动，而在实践活动中，体现出自我的理性与感性，这是作为人生存的基本方式与条件，人不是单纯地被动地去实践，而是由思想和意志支配的实践，也就是通过实践体现出了自己的能动性。通过实践，人才成其为人，与自然界中万事万物加以区分的重要标志，人在实践中意识到自我的存在，拥有了主体意识，人在本质上是具有能动性、创造性的一种实践的存在。因此，可以考察到，权利认知的自觉性是有可能实现的。这一点，已然从马克思的经典论述中，运用唯物史观和对人的实践性的分析得到。

马克思主义的上述理论，对于分析与探讨公民权利意识中权利认知的自觉性培育与引导，提供了基础性的理论支持。首先，社会存在决定社会意识的存在，可以为社会意识所感知和表达，而社会意识会对社会存在起到重要作用。公民权利认知属于社会意识的部分，公民权利认知是有可能实现的。其次，人在本质上是一种自我创造的主体性存在，具有能动性和创造性。强调从人的主体性视角去认识和把握，公民是有可能实现对权利进行认知的。在我们分析研究公民权利认知的时候，坚持人的主体性视角，确立和尊重公民的主体地位。坚持以人为本，充分调动和发挥人的主观能动性，强化公民权利认知的基础环节与配套机制，提升公民个体的基本素质，保障和促进公民权利认知的自觉性和自发性是可能实现的。在当前的政治参与中，应充分地发挥公民的主观能动性，强化公民个体的独立自主。以政治参与为契机，促进公民加入整个政治社会化中，并以马克思的相关理论作为公民对权利认知的基础条件和心理基础。

（二）权利认知自觉化的表现

表现一，认知态度主动。认知是公民个体作为社会成员如何看待社会生活、如何理解社会生活的各种现象的一种主观印象。权利认知是权利个体对于社会中的权利概念、权利案例等各种与权利相关的现象的看法与思考，包括人们对法定权利的相关内容和实体权利在社会运行的基本情况，由感性上升到理性的一个过程，具体表现形式不同，程度深浅也不同：程度较浅的体现为感知、直觉，进一步体现为理解、分析与评价；程度较为成熟的，体现为比较系统的认知。认知一般包括感觉、知觉、理解、判断、比较、评价等。结合权利认知来分析，权利认知的感觉、知觉和理解是公民对权利概念、权利案例、人们之间的权利与义务关系，自己的权利与他人的权利关系的认知和理解。涉及对权利与义务的关系、权利与权利的抗争关系，都是对客观事实的揭示；上升到权利认知的判断、比较和评价阶段后，则是认知阶段的纵深阶段，体现为公民对社会关系中的权利进行了价值的评判与肯定。当前，社会转型和全球化构成当代中国公民权利意识的宏观影响因素，利益结构、政治文化、制度规范以及公民个体的政治素质则构成其微观影响因素。在此基础上，公民的权利认知开始了自觉性的萌发。对于权利从基于内在、无意识地接受纯粹感性的认识，发展为主动积极地去认识去揭示，形成较为理性系统的看法；不再停留在最初强制的、没有选择的，由他人强行加给权利认知基本知识，蜕变为通过自由沟通主动获得基本知识。体现了公民对权利本位的认同、对权利内容、类型和范围的了解和肯定。

表现二，认知情感的归属性。认知情感是认知主体在认知基础上产生对认知的客体，或认知的对象在内心投射的感受，或公民在社会生活中，对于法律所规定的权利与在社会生活中自己能够实际享受到的权利，是否一致的思考，当两者一致时，通常体现为信任、进而热爱，然后去服从等积极的情感；当两者不一致时，则体现为怀疑，进而疏远，表现为抗拒等消极的情感。从心理因素或情感层级来看，认知情感分为较低层次和较高层次两个层次，较低的层次物化为认知情绪，较高层次物化为认知情感。认知情绪，体现为暂时性、容易反复或改变的一种主观情绪，主要是对政治生活中权利是否存在、是否得到满足、是否达到心理预期等反应。认知情感则是一种高级的心理体验，通常具有较强、较为固定的特征，能为人们所感知和描述，并且进行控制，是对政治关系的一种成熟的看法与思想，形成后不容易改变，是较为定式的一种精神活动。

权利认知情感的归属性，是一种积极的心理态度，通过人的一系列心理构思、心理活动来形成，应该认为是一种非常典型的政治心理活动范畴，也就是公民对社会生活中的政治现象、法律现象予以赞同与跟从，对于自己的实际权利与法定权利进行承认与同意，并为之付出自己的努力，从而自觉自动地在进行相应行为时，指引自己的行为。一般意义而言，公民一旦将其对自己所拥有的法定权利和所享有的实际权利产生了信任与尊崇，并内化为一种心理本能，则不仅会在行为模式上形成比较稳定的权利模式，而且会升华为一种坚定的权利信念，从而指导和规范其权利行为。在当代中国，由于人民民主专政的性质，公民的个体权利与国家具有一致性，因而公民的权利认知情感带有明显的主观选择性和政治倾向性，体现在对社会生活和政治制度在认知主体上的认可和支持。

表现三，认知心理的自动性。公民权利认知心理的自动性，是指认知主体对权利相关知识和现象有较高的认同度，通常自身已经具有一定的知识体系，掌握了较好的技术能力，在对权利有了正确认知的前提下，内心产生了对权利体系的深刻认同，继而在社会生活中行使权利义务时依据对权利的正确认知，准确而规范地展开及参与。在自觉主动型权利认知心理的支配下，认知主体体现出较强的倾向性，不需要任何外界因素的指引或激发，从认知主体的内心就会产生出对已有权利体系的跟随和效仿，表现为公民的自觉、自愿，是公民对权利体系能动的、积极的政治心理反应。公民具备了一定的权利知识与权利归属感后，不需要社会生活及其政治体系通过各种方式和途径，如思想政治教育、政治经济利益等来加以激发和牵引。当公民对权利认知产生心理自动性后，也即公民对权利从内容到形式，从实体到程序都心悦诚服，发自内心地热爱，主动参照执行，其实质是对权利背后所体现的公平正义等原则的热爱、信赖、追随、亲近和归属。公民只有在这种自动认知的心理状态下，才会产生和建立属于自己的权利主张和看法，从而对社会生活和政治生活权利运行和权利行使现象产生一种内心体验和感受，并在此基础上形成一定的政治倾向性。威廉·葛德文指出“当行动受到个人判断所产生的独立信念支配时，也就是当我们不会因为受别人的干预或支配左右，而是自发考虑到想要从事的行动及行动可能导致的后果的充分认识基础之上，才能称之为真正的服从。”①

这种对权利的自动认知心理可以认定为是一种对公民权利的理性认同，认同的前提是公民对于自己的权利从法定到实体所产生的主动态度，从类型来讲是一种心理因素，不再停留在认知的表面阶段，而是通过审慎的思考和理性的判断，从而形成一种成熟的权利态度，对自身权利与公共权力之间的利益平衡关系的一种态度和倾向。其主要特点体现为：从主体自身条件来讲，具有一定健全的知识体系，对于权利知识有所侧重，态度端正，积极而主动、不偏激；从认知程度来讲，认知主体依据已有的权利知识体系和客观评判自己利益主张的实现可能性，不会轻易受人影响而发生盲从现象，权利内容和范围等能够正确预测和规范行使。一旦形成这种自动认知心理，则体现为坚定的认知信念，具有较强的责任感，具有较高的自我约束力和参与积极性。

二、网络环境下公民权利主张普遍化

（一）主体的普遍化

公民与网民是既有相同性又有不同性的两个概念。公民是以国籍为标准进行的划分，具体来说是具有一国国籍、并根据该国法律规定，

---

① 参见［英］威廉·葛德文：《政治正义论》（第1卷），何慕李译，商务印书馆1980年版，第153页。

享有权利和承担义务的人。公民意识作为社会意识形态，是指公民作为个体对社会管理和国家治理的参与意识。《中华人民共和国宪法》规定：凡具有中华人民共和国国籍的人都是中华人民共和国的公民。网民，即网络使用者是一个最为宽泛的概念，即指所有将其终端连接上互联网进行网络活动的人，是公民现实角色在虚拟社会的延伸。

公民与网民是否具有一致性，或者说网民能否代表公民呢？从我国目前来看，网民是公民的一部分是毫无疑问的，网民是最大范围内公民的代表。从男女比例上来看，根据中国互联网信息中心最新发布的调查数据显示，中国网民男女比例为56:44，在庞大的基数下这一比例显示出网民的男女比例基本持平；从年龄分布来看，我国网民年龄有逐渐均衡化的趋势。随着信息技术及互联网的深入发展，当前我国网民的年龄分布大多集中在10岁到49岁之间，与几年前的网民主要是来自18岁至39岁的年龄层相比，更具有代表性。从以上数据可以看出网民的年龄段正在逐渐向两端发展。同时，科技的发展使人们可以不受时间和空间的限制随时可以与互联网相连接，手机凭借其简单易懂的特点使得我国网民年龄的分布更加均衡化。同时，我国教育的发展也为网民的均衡化做出了举足轻重的贡献。截至2013年12月，高中及以上学历人群中互联网普及率已经达到较高水平，未来进一步增长空间有限。小学及以下学历人群的占比为11.9%，保持增长趋势，中国网民继续向低学历人群扩散。当前互联网作为教程已被学校纳入正规教育系统。电脑的普及化、教育与经济的发展都加速了我国网民结构从精英结构到草根方向的转变。因此说网络“使公民掌握了一个新的空间，而这个空间映射着现实，但远比现实的空间更利于公民自我的表达”①。同时，互联

---

① 参见牧君：《网民时代的公民意识和社会力量》，载《中国总会计师》2008年第7期。

网的普及也为我国社会基层群众、弱势群体提供了表达民意的平台。而这些代表公民意见的互联网信息以这种互动的形式呈现出来，“催生了中国公民权利意识的大觉醒，引发了人们对于政府权力和公民权利关系的反思和辩论”①。

当然，从相关数据来看，网民构成上的一些特点，如存在的年龄、学历、收入甚至是城乡差别等，网民结构上的不均衡的确存在。但是，网络所提供的“公共性”客观上提供满足公民的权利表达应具有普遍性的条件。任何人，只要他愿意、他想要，都可以通过网络加入其中。詹姆斯·博曼认为“协商是民主的，在一定程度上，它以自由平等的公民实现理性一致为基础”②。网络提供的机会平等是首要条件和必要保障。网络可能是当下还存在着很多问题的一种媒介，但却也是当下能够收集民意、实现公民表达权最具优势的一种媒介。因此，从一般意义上讲，网民涉及了“全体”公民的利益，网民能够最大程度地代表公民，网络环境下的主体实现了普遍化。

（二）权利主张类型的普遍化

1. 权利主张类型普遍化的表现

主张权利的类型，从关注个人的人身权利发展为聚焦政治性权利。网络环境下，最初产生的案例和话题都是围绕着隐私权、信息权等人身权利。之所以这样，是因为网络出现之后，首先是对上述人身权利产生了极大的影响。对于权利主体而言，隐私权是最容易被侵犯而又最无力保护的一个权利，网络环境下隐私权的侵害结果尤为突出。另外，出自人们好奇的心理特点，对于涉及隐私权的资料和个案往往会更容易得到人们的关注。这与网络的商业价值也有

---

① 参见杜俊：《浅析当代中国网络公民意识的形成和发展》，载《法制与社会》2008 年第 23 期。

② 参见［美］詹姆斯·博曼：《协商民主与有效社会自由：能力、资源和机会》，陈佳刚译，上海三联书店 2004 年版，第 141 页。

很大的关系，点击率是各个网站心知肚明的利益出发点。因此，在网络环境下，人们最常见的发生争议及提出主张的权利就是隐私权及类似于隐私权的其他人身权利。发展到现在，随着网络深入人们的生活，网络政治的出现，使得人们关注的焦点渐渐转移到了表达权、参与权等政治权利。

从主张权利的范围来看，从关注个人权利到关注与自己没有直接利害关系的他人权利乃至公共利益。最初公民权利意识萌发的阶段，大都关注与自己切身利益密切相关的个案。典型案例如乙肝的携带者歧视问题、农民工子女入学难问题、农村教师工资问题。发展到后来，公民从关注自身权利开始关注与自己没有直接联系的其他权利，如要求政府信息公开，保障公民的知情权；要求教育改革保障公民平等的教育权利，要求保障公民迁徙自由等。

2. 权利主张类型普遍化的观念基础

马克思指出："观念的东西不外是移入人的头脑并在人的头脑中改造过的物质的东西而已。"也就是说，观念就是人们在生活和实践中，经过长期的总结所形成的对事物整体性的、全面性的认识。应该看到，当代中国的权利观是影响公民权利主张类型普遍化的深层力量。认真研究当代中国权利观，对于梳理公民权利主张普遍化现象的原因，乃至了解公民的权利主张类型的可能发生和发展的趋势都有着十分重要的意义。权利主张类型普遍化的逻辑内容经历了从权利的形成、深化和普遍化，到权利的法定化和制度化，再到权利的现实化的过程。权利从观念萌芽到扎根、开花、结果，构成了权利主张类型普遍化的逻辑脉络。

从关注个人人身权利到政治性权利，体现为权利观中"基本权利观"的完善与发展。基本权利是最主要和最根本的权利，是公民各种权利的基础。徐显明教授侧重于从内容上分析基本权利一词的含义："人和公民所具有的稳定的、必不可少的、具有母体性的平等的共同权利就是基本权利。”[①] 我国宪法中对公民的基本权利进行了规定，为其提供了法律保障，同时市场经济的发展为其提供了物质保证。网络出现后，我国公民的权利主张实践出现了一系列难得的发展契机。从静态的角度来看，宪法中对基本权利进行了详细的规定，赋予其合法性的依据，使其“上合”到了法律价值所提倡的人权的概念上；同时，互联网又使基本权利“扎根”于现实社会中，赋予其现实的效力。从动态的角度来看，基本权利的实现过程是一个公民通过网络共同参与、相互支持、协作配合的动态过程。具体而言，基本权利因其法律价值在网络的肯定与体现而克服了自身的主观性，同时又因为符合了社会事实的权利意义而克服其机械性，因而体现为权利主张类型普遍化。

（三）权利主张理念的普遍化

诺斯在其1981年出版的名著《经济史的结构与变迁》中，提出了著名的制度变迁理论，即“对经济增长起决定作用的是制度因素”。[②] 诺斯的主要观点是，“如果预期的净收益（即指潜在利润）超过预期的成本，一项制度安排就会被创新。”[③] 因此，应该先对国家干预成本与市场自治收益成本进行分析和比较，重点是考察两者的边际成本，然后再决定国家干预权介入干预对象应达到何种深度。同时对成本收益的分析要尽量周全。公民一旦拥有了他们认为合理的信念，便会执着地采取行动，而不会经过谨慎的成本效益分析，所以意识形态可以降低交易成本，也就是说，公民一旦确信现存秩序的道德合理性，该社会的交易费用和管理费用将会大大减少。

---

① 参见徐显明：《法理学》，中国政法大学出版社2007年版，第88页。

② 参见［美］道格拉斯·诺斯：《经济史中的结构与变迁》，陈昕、陈郁译，上海三联书店1990年版，第7页。

③ 参见［美］道格拉斯·诺斯：《制度创新的理论：描述、类推与说明》，杭行译，上海三联书店1994年版，第274页。

主流意识形态是当前各国社会生活中居于主导地位的意识形态。任何国家的主流意识形态都是统治阶级的意识形态，这是由经济基础决定的。一般来说，主流意识形态具有较强的吸引力和融合性，包含并体现着一个国家、民族等的主要价值观念，成为一个国家信仰体系的最高目标。当今中国，主流意识形态是以马克思列宁主义为指导的社会主义核心价值体系。马克思、恩格斯曾在《共产党宣言》中指出，社会主义比资本主义更加优越，它将是一个每个人自由发展的联合体。社会主义核心价值体系不是从天而降的，是高举马克思、列宁主义领导的思想旗帜，是当代中国实践后的高度理论概括，它进一步提出了“以人为本”的发展理念，要以最广大人民的根本利益为出发点，尊重人民的主人翁地位，发挥人民的创新精神，保障人民的合法权益，不断满足人民日益增长的物质文化需要，不断提高人民思想道德素质和科学文化素质。中国社会主义核心价值体系中尊重个体的发展需求与马克思列宁主义是一脉相承的。

当前的主流意识形态为公民权利主张理念提供了具有普遍意义的理论支持。以市场经济、契约文化、法治为基本特征的现代社会要求生活在其中的人必须是具有社会责任感、具有权利主体意识的公民。应该看到，公民的权利主张理念与当前我国的主流意识形态保持了一致，因而具有了普遍性。这种普遍性具体体现在以下三个方面：其一，公民共同的社会理想和价值目标是由主流意识所引导的，主流意识形态的价值目标与不同阶级、阶层的公民在总体方向上是一致的。其二，主流意识形态通过建立一种被社会普遍认可的价值规范来引导、约束公民的言行，通过这种价值规范的建立来统一人们的思想、意志和行动。其三，主流意识形态通过建立一种网民可以接受并参照的价值评价标准来引导网民合理的权利主张。同时，这个标准还可以反映执政党的直接意旨和愿望，体现社会中全体公民的利益诉求，促使网民在大多数问题上保持意见的一致性，进而维护了网络政治的稳定。

三、网络环境下公民权利要求纵深化

（一）从权利要求的深度来看，公民权利意识从个人权利意识上升到国家乃至全球化意识

现代社会中，公民的道德品格与人格素质是公民权利意识必须具备的两个因素。在现代社会中“权利”是界定公民的标准。如果被称为市民，这个人仅仅享有人权，我们说他是一个自然人。当一个人是被国家被社会承认的公民时，就说明他在享有人权的同时，也享有公民权，这时才能说他是一个公民。在公民社会，公民个人权利意识是公民的权利意识的基础，即作为具有独立人格的人应当具备的权利意识。公民个人权利意识的三个表现层次是：其一，以感性认知为前提，理性自觉为手段，明确自己的价值和意义，知晓自己享有何种权利和应履行义务的范围和内容；其二，主动积极地加入到社会生活中，以高度的义务感和责任感，在具体的经济生活、政治生活和文化生活中履行自己的权利义务，合理设计和规划自己的理想愿景，勇于实践，善于总结；其三，以民主为最高政治理想目标，以自主创新为主要方法，以促进民主实现为目标，同时努力践行，在权利受损时，合法保障，正确救济。

社会是公民的社会，国家是公民的国家。在现代国家中公民是一个相对稳定的法律概念。公民的概念是相对于国家出现的。公民的身份获得是通过一国的宪法及相关法律，通常会在一国宪法和法律中明确规定，作为公民所享有的权利，以及相应的义务和责任。没有脱离了国家存在的单个公民。因而，成熟的公民权利意识中应包含国家意识。国家意识是公民意识的总和，但不仅仅是整体公民意识的简单相加。国家意识的形成往往经历了漫长的过程，与一国的特定历史、宗教背景、道德发展等密切相关。作为一国基本成员的公民，

负有自觉维护国家尊严、国家领土和主权完整的使命。国家意识的内容非常丰富，包括但不限于主权意识、爱国意识、民族意识，等等。国家意识的培养，主要通过对公民进行宣传教育，通过传承国家传统，弘扬民族文化，引导树立国家利益高于个人利益的观念。

马克思主义的国家意识，与前述国家意识在实质上是一致的。即通过建立公民热爱国家、以自身为国家一员为主要责任，将自己的命运与国家命运联系在一起，自觉维护国家的统一和安全，在必要时对个人利益进行让渡和牺牲。当代马克思主义的国家意识，强调社会主义国家公民应具有人民主权意识、爱国意识，特别是针对现代社会所需要的服务型政府意识。因此，现阶段的公民权利意识中应强化国家意识，除了上述涉及国家安全和国家利益等传统国家意识外，结合现阶段的时代特征，从具体意识来看，要具有尊重国家规则的意识，要建立以责任意识为基础的法治意识，同时体现在精神文明上，要建立理性精神去正确看待社会现象，要以宽容和妥协精神来化解矛盾。

全球化是复杂的动态多维的过程，是人类社会发展的整体化趋势，而不仅仅指某种单一的终极状态。全球化的内容是复杂多样的，各个领域都有全球化的身影，无论经济、政治、文化等显性领域，还是科技、技术等非显性领域，表征一种全方位的、立体多维的整体变迁趋势。随着市场经济的充分发展，政治体制改革进一步推进，尤其是网络的出现，使得公民权利意识必然要向着全球化的方向发展。“全球化的过程中，人类活动的全球化导致了其价值观也变得多元化，面对现存的诸多国际问题，亟须找到一种可以被人们广泛接受的道德语言和道德标准来作为人们沟通、合作的基础，最终达到和睦相处，实现人类的可持续发展。”① 在公民权利意识教育中，必

① 参见袁利平：《国际化语境中公民教育的愿景与策略》，载《天津师范大学学报》（基础教育版）2006 年第 4 期。

须要有培养“世界公民”的新意识，具有面向世界的观念和与不同文化背景的人合作、共同工作的意识与能力，强调“全方位的国际化教育”以培养具有全球开放意识、超越社会制度和意识形态的分歧，关注全人类的共同利益。

（二）从权利要求的核心来看，从单纯“自我维权”的民权观念发展到和谐人权观念

1. 民权观念

夏勇教授从中国文化传统研究的角度对权利进行了解释，他所提出的民权学说是以新的民本学说为基础的。他认为民权“是一个国家的民众对该国的政府或者统治者提出与民众的利益或意愿有关的必须作为或必须不作为之要求的资格。”① 这一抽象的界定很难与现今的权利概念保持一致，从其内涵来看，更加接近政治意义上的公民权，或者认为和公法权利更加契合。从广义的角度来看，民权即指现代意义上的权利，也就是指法律权利。民权观念强调的现代精神与公民权利意识萌发的早期是一致的，如强调个人本位、永恒正义等。② 民权观念的内涵的提升，体现在公民权利意识的觉醒以及自我维权的凸显。公民权利意识在我国的形成与发展过程中，公民的自我维权是非常重要的标志，从另一种角度来看，也可以认为是这一系列的自我维权事件促发了公民权利意识的觉醒。从民权观念出发，权利要求的核心是个体自主地位的问题，权利的发展，就意味着权利主体资格的提升，利益的扩增，能力的增强，因此毫无疑问，意味着人的地位的提高，人格尊严的强化和个人自由的增进。同时，对个人权利的承认，不仅意味着对个人需求和个人身份的个体性的承认，而且意味着对个人需求和个人身份的社会性的承认。

---

① 参见夏勇：《中国民权哲学》，生活·读书·新知三联书店2004年版，第4页。

② 参见霍尔巴赫：《自然政治论》，陈太先等译，商务印书馆1994年版，第23、24页。

倾向于肯定个人的应得、应有或不可侵犯的利益、资格、能力或主张，即人的“权利”所显现出的人的尊严和价值，并认为其能改进人的社会结合方式、增进社会的和谐，鼓励人们主张个人权利。

2. 和谐人权观念

人权观念的发展经历了从理念到制度，再到实践的过程，在这一发展过程中人权观念发生了巨大的变化。我国也在不断地进行人权保护的建设，加入了一系列国际人权保护的法律公约，尤其在“国家尊重和保障人权”载入宪法以及体现人权保护立法的大量涌现，使中国的人权形象在国际社会中大为改观。齐延平教授对于和谐人权有着独到的见解。齐教授主张，用和谐观念解决现有的人权问题，要在东方人权与西方人权制度上进行和谐沟通，消除既有人权制度与新型人权制度的融合困境，以和谐统领全世界人权文化。以和谐精神作为基本工具和手段，从全世界人权制度切实保障的建设高度，追求全人类整体人权的实质保障，实现和平、文明、人道等终极目标。①

权利要求的核心需要以和谐人权为指导。和谐人权的提出具有积极意义。和谐人权对于吸引个体在实现自我的权利要求时具有指导意义，能有效消除个体利益主张中常见的局限性。在中国传统文化中，对于和谐人权的思想精髓已经有所涉及和体现。强调人的本质和存在意义，在于宇宙观、世界观与个体身心观等和谐一致。这种和谐来自精神上的追求和体现。因此，和谐人权观的价值在于权利意识的化育，而不在于权利价值的取代；在于权利文化的互补互济，而不在于权利制度的改弦更张，在于立意的高远延展，而不在于方法的推陈出新。

① 参见齐延平：《和谐人权：中国精神与人权文化的互济》，载《法学家》2007年第2期。

（三）从权利要求的实质来看，意在以权利审视权力，实现权利与权力的平衡与和谐

1. 权利审视权力

公民享有权利同时也承担与其权利相对等、对称和对应的义务已经逐渐成为人们的共识。对于社会而言，权利对应的是权力，公民权利对应的是国家权力，在现代社会，公民权利的享有是以科学规范国家权力为前提的，公民权利与国家权力是对立统一的关系。在现实之中，公民权利体现的是社会个体的利益，国家权力体现的是社会公共利益。由于社会物质财富的稀缺性，使得社会个体利益与社会公共利益无法统一，而表现为一种对立的外观。①

在权利和权力的冲突中，一个根本性的问题就是谁主导、谁本位的问题。"从权力主导型改革向权利主导型改革转型，既是改革的新转向，也是改革的本质回归。"② 提倡权利主导并不意味着要求权力退出决策过程，而是要求由公民的合法权利成为利益分配和公共决策的主导要素，权力的主导地位应该让位给权利，权力从决策主导者转变为服务者。对权利和权力角色和地位的重新认识，有利于更好地廓清网络民意和公共决策的相互作用关系并作为现实行动的指导，权利主导应该是公共决策今后发展的一个方向。网络一方面具有自有离散的特征，适合分散式公民协商；同时也具有大众媒体的特性，可以面向不确定的、无差别的大众传播，并进行回馈，因此也适合整体式协商。因此，网络对于实现公民权利审视权力提供了必要而充分的条件。

---

① 参见张曙光：《个人权利与国家权力》，生活·读书·新知三联书店 1995 年版，第 4 页。

② 参见朱中原：《改革转型：从权力主导型改革到权利主导型改革》，载《资料通讯》2006 年第 6 期。

2. 实现权力与权利之间的平衡与和谐

公民权利与国家权力是社会的所有权利与权力中最基本最重要的内容，权利与权力平衡的思想自然适用。公民权利与国家权力的平衡是社会秩序的要求，如果公民权利比重过大，国家权力比重过小，就会造成社会的无政府主义，造成社会秩序的混乱；如果国家权力比重过大，公民权利比重过小，则可能形成不同程度和形式的专制主义。所以公民权利与国家权力应该保持平衡，一方面，国家权力足以保障公民权利，又能防止公民权利的滥用；另一方面，公民权利足以约束国家权力，又能使国家权力不至于过分集中形成专制主义。这就是现代社会民主与法治的要求，也是其目标。当然，公民权利与国家权力的比重分配应以具体情况不同而有所不同。在现阶段的中国，公民权利与国家权力的比重分配其原则应该是充分保障公民权利，科学规范国家权力。这是由中国的实际国情决定的。当前由于体制改革尚未完成，国家权力所占的比重要大于公民权利，中国公民的权利意识还很薄弱。所以要构建公民社会，培育公民精神，充分保障公民权利，科学规范国家权力。

第三节　网络环境下公民权利行使的公共领域考量

一、互联网话语民主的可能性和限度

1. 互联网话语民主的可能性

网络空间真的是理想化的对话情境吗？互联网是否可以为公民社会的发展提供基础性条件？当今的学术界对此看法不一。很多学者认为，网络的发展为实现话语民主提供了重要条件，尤其是网络

技术的发展为话语民主的发展提供了现实的空间条件和平台。① 网络本身所具有的开放性和平等性为话语民主的展开提供了活力；网络本身所具有的互动性和批判性为话语民主的展开提供了影响力；网络本身所具有的制度性的保障，为话语民主的发展提供了不竭的能量。话语民主在网络公共领域的发展，是公共权力系统的一个新的合法性的权力来源，为公众参与公共政策的制定提供了一种新的途径与方法，活跃了民主政治的形式，使民主政治更为多样化。互联网作为一种特殊公共空间，有助于形成公民社会。

互联网要想成为一种理想的对话情景，能为平等协商和公共参与提供条件，美国学者克夫认为："网络民主是为公民或社会与政府提供互动的机会，并为政府提供从社会中输入的机会，是一种利用网络来发展民主的过程。"② 要想真正成为国家与公民之间的桥梁，并最终形成网络公民社会，成为公民参与公共决策的重要平台，需要满足开放性、独立性和关注公共利益的特点。

（1）互联网的开放性为民主提供基础条件。互联网的开放性是指互联网对个人、利益集团和文化的差异均能兼容并包，不会因为各种干扰因素而给任何参与主体带来阻碍，它是一种双向的开放，即互联网与民主主体的双向开放：一方面，从互联网技术和制度的层面上来看，现有的互联网技术基本能为民主主体提供平等的参与起点；另一方面，从民主主体的心理和行为的层面上来看，所有民主主体的思想和行动在网络实践的过程中都具有开放性的特征。一般认为，推动社会民主化的三驾马车，即市场经济、公民社会和多元化，它们的发展与开放性密切相关，"在现今人类寻求进度的过程中，与不同的人以及不同的思想相接触，这是一种非常重要的价

---

① Gimmler A., Deliberative Democracy, the Public Sphere and the Internet, *Philosophy & Social Criticism* vol 27(2001), pp. 21 – 39.

② Clift S., Democracy is Online, *Internet Society* 3(1996), pp. 186 – 192.

值……沟通的价值一直是，而且仍将是人类进步的动力之一”。[①]

（2）互联网的独立性是民主的保障条件。达尔伯格认为，“公共领域的一个重要的条件就是理性的协商，它具体包括：脱离国家的经济性的权力而实现自我管理；推理强调的是理性而不是断言；自我的反思性；对理性角色的扮演；真实并且守诚信；无差别地融入平等性。在这些条件中，前两个与独立性具有一定的关联，但我们认为互联网条件下的独立性应该是网络条件下的信息发布、评论以及内容搜索的自由等。”[②] 网络作为公民参与公共事务的重要平台，提供了许多方便多样的形式。由最初的各种论坛、以各种形式的跟帖出现的贴吧，大大小小的聊天室发展成当前比较流行的博客、微博和各种类型、功能齐全的社交网站等。但是也存在特殊情况，在全世界范围内，所有国家都规定危害国家安全的信息都不允许公开发帖；在大多数国家中，涉嫌暴力和色情的信息也都不允许公开发帖。总之，互联网应用的多种形式均增强了民主主体的独立性，为其进行网络政治参与和民主协商提供了多种技术手段的支持。

（3）互联网公益性是民主的实质条件。民主一般可以理解为“主权在民”、“人民主权”或“人民当家做主”，细化来看，人民自己的统治和人民的自我管理是民主的应有之义。而且随着民主政治的发展，社会自治的程度应当日益提高，并且其基本前提是人民的参与，没有公民的参与，就没有民主。公民参与公共生活，就必然要体现公共利益，因此公益性是民主价值的一个重要体现。互联网具有公益性，对公共利益的关注可以说是在公共领域中的基本条件甚至是最重要的条件，是公共领域的价值所在。可以认为，只要存

---

① 参见［美］凯斯·桑斯坦：《网络共和国》，黄维明译，上海人民出版社2003年版，第143页。

② ［英］安德鲁·查德威克：《互联网政治学：国家、公民与传播技术》，任孟山译，华夏出版社2010年版，第117、118页。

在多数的不确定数目的利益人，即属公益。但是如果单从数量上来定义公益在某种程度上就会使公益价值变得狭隘，基于此，德国学者纽曼提出了“客观公益”这一概念，将公益的判断标准由纯粹的基于受益者的数量的判断转向偏于质的判断的价值标准。互联网上的网民来自五湖四海，为了某种共同的目的聚集在一起，进而成为虚拟社群，这在一定程度上也可以认为虚拟社群成员宣称的利益即为公共利益。

从以上三个条件的判定综合来看，互联网已经在某种程度上成为公民参与公共事务、形成公共舆论和影响公共政策的平台和工具，当下中国的互联网已经成为西方民主意义上的公共领域，为我国的话语民主提供了可能性。

2. 互联网话语民主的限度界定

（1）互联网话语民主应以法律为最低界限。互联网空间中公民的话语权得到了极大的释放与拓展。但是，任何权利从来都不意味着绝对的自由。互联网空间虽然是虚拟的，看不见也摸不着，但对人们的影响则是实实在在的，要获得在互联网空间的话语权，能够在网络空间中充分享有民主，就必须遵循一定的规范。规范是对人的自由的一种限制。“失去一定的自由只是规范的表面现象，并不是一切规范都全然是妨碍自己、扼杀自由的。人是一种社会存在物，人的本质是一切社会关系的总和，离开了他人与社会，任何人都是不可能维持生存、求得发展并创造价值的，从来不存在一个无限制、绝对自由的社会，从来也没有绝对的自由，自由与规范总是相辅相成的。”[①] 保障网络民主的常态进行，不仅需要在网民的道德素养上进行努力，必须要建立健全完善的法律法规管理体系，加快网络立

① 参见李子银：《“网络社会”对道德观的影响》，载《湖南税务高等专科学校学报》2006 年第 6 期。

法进程，构建互联网法治机制，保障互联网的安全运行和网络民主的健康发展，使法律成为互联网话语民主的最低界限。

（2）互联网话语民主应与道德与传统为基本尺度。互联网话语民主应以一国道德与传统为基础。民主制度要真正建立，必须遵循一国传统道德的既有原则。网络民主亦是如此。互联网话语民主也应与传统的道德价值理念相映衬，反映道德与传统的价值理念。一方面，网络民主构成了道德与传统的“背景”，为道德与传统的产生营造氛围、创造条件。道德与传统总是反映着、表达着、体现着网络民主的内涵和特征。网络民主为道德与传统的价值观念提供制度的支持，为其充分开展奠定必要的基础和条件。另一方面，民主的推行必须以道德与传统为重要理念基础。民主从某种意义上来说，是一种文化氛围，这种文化的核心必然是一国道德与传统的体现和凝结。在这样的文化氛围中的人，具备一定的文化素养和道德品质，网络民主才有可能真正落到实处。要坚持以我国传统道德为基础，以借鉴国外的积极成果为经验，共同构筑起高水平道德体系，来保证网络民主的实现，构建网络道德的责任和尊重的基本准则，以利于实现互联网话语民主。①

（3）互联网话语民主应以一国基本国情为指导。经济快速发展和社会转型的需要，推动了我国实行民主的进程。中国民主化的最初动因就是为了满足开放的经济制度和社会环境在政治上的要求。从历史和逻辑的角度来分析，社会发展的基本规律就是，当经济发展到相应的阶段，必然在政治上有所体现。欧洲国家在发展的过程中就经历了这样的过程。目前中国的经济发展已经达到了相当的水平，需要与之配套的政治制度，因此对政治民主的呼声日益增加。民主不是西方社会的专属品，民主是所有现代国家的一种政治态度，

---

① Clift S., Democracy is Online, *Internet Society* 3(1996), pp. 186 - 192.

表明公民当家做主的基本制度。只不过，民主政治萌芽、发展是在西方，逐渐传播到世界各个国家。随着互联网的发展，互联网话语民主必须推进，但该话语民主是有限度的，最根本的一点就是必须立足于本国国情。反思中国当前建设民主的进程中，一定要明确民主的合理界限，才能保证实现真正的民主。也就是说，民主是一种政治领域的秩序，在中国的民主化进程中，要与社会、经济、文化和教育等各个领域相适应，提高民主的品质，杜绝品质低劣的民主导致的无政府状态。

二、虚拟社群价值和规范的确立

（一）虚拟社群价值体现

“虚拟社群”这一概念最早由莱茵戈德提出，他认为虚拟社群是“一群通过网络社会彼此认识并且长期沟通的人们，在固定的网络中分享他们所获得的知识和信息，并在一定程度上有如朋友般地彼此关怀，进而形成的社会团体。”[①] 日渐发展的“虚拟社群”，已经慢慢进入了我们的生活，具备形成真实社群的基础条件，它们相辅相成地构成了社群的两种不同模式。与传统社会模式不同的是，虚拟社群中的人际互动是依靠网络技术连接在一起的虚拟空间，新技术使得虚拟社群的成员变成了平等的主体，成员既是传播者，也是接受者，它是在网络空间中的非固定人群的集合，在这个群体内的反馈不受限制，使得信息共享和决策的公开成为可能，这些特点使得虚拟社群形成了独特的结构类型。虚拟社群的兴起是对传统社群失落的一种现代性补偿。

虚拟社群与实质社群都是社会组织，它们在实质上具有相同性，

① HR., The Virtual Community: Homesteading on the Electronic Frontier, MA: Addison-Wesley, 1993, p. 89.

即都是为保障民主、扩大公民的参与权而存在的，是公民有序参与政治决策的必不可少的重要条件。在发展中国家，一个凝聚社会力量、扩大公民参与权的重要手段就是提高社会的组织化程度。达尔就曾提出：“独立的社会组织可以约束政府的强制力、保障组织行使权利的自由、改善公民的生活状态，它是民主过程中所必需的，同时也是民主制中一个非常重要的参与者。”① 对虚拟社群身为一种重要的社会组织的作用进行分析，可以得到以下五个方面的结论：其一，虚拟社群具有灵活性和独立性，它对我国适应全球化的发展，对我国社会主义市场经济的发展和自我调节机制都具有非常重要的作用，为我国良好的社会主义市场经济秩序的建立提供了重要的辅助作用。其二，虚拟社群具有多样性，它可以提供各种公益服务，通过多种方式为一些贫困群众在生活上提供帮助，这也是对政府提供了很大的帮助，这一行为为维护社会的稳定与安定和谐起到了一定的辅助作用。其三，虚拟社群的形成过程其实就是公共利益表达逐步理性化的过程，在这期间，一些具有相同夙愿的社会群体结合在一起，共同地表达利益诉求，就形成了虚拟社群。它的形成，促进了社会个体之间的相互交流，通过这种方式保障了公民参与政治的合法权益。其四，虚拟社群可以提高社会的自主能力，为权力回归社会提供有效的方式。在虚拟社群中成员实行自我管理、自我发展，它是人们提高自我管理能力的主要场所，这也使其成为国家、社会与公民沟通的纽带。其五，虚拟社群通过将单独个体和社会分散的资源聚集在一起的方式，形成了一个具有共同利益诉求的社会团体，这个团体通过保障自身的合法利益与政治国家进行互动，提供组织力量来有效地制衡国家的权力。

---

① 参见达尔：《民主理论的前言》，顾昕、朱丹译，生活·读书·新知三联书店1999年版，第123页。

（二）虚拟社群对公民权利意识的影响

虚拟社群作为产生于网络社会的社群形式，与实质社群相比，这是一种新型的社群，其价值主要体现在特殊的互动法则和动态上，从而为培育公民权利意识提供了重要途径。

1. 虚拟社群以促进民主而推动公民权利意识发展

虚拟社群通过促进程序民主与实质民主发展的方式，推动了公民权利意识的发展。虚拟社群成为直接民主的现实渠道，促进了程序民主向实质民主靠拢。从实质民主的方面来看，互联网为公民个体直接面对国家决策者提供了技术上的保障和支持，为公民参与政治并进行充分协商提供了现实可能性。实质民主的内容是要实现公民个体的意愿且其结果要符合大多数人的意愿，其价值是为了实现国家的良好治理和人民高品质的生活。网络的匿名性与平等性为公民实现民主起到了启蒙性的作用。同时，互联网中信息的高效和及时也为公民政治参与素质的提高起到了促进作用。这为实现实质民主提供了根本保障。从程序民主的方面来看，互联网的人群聚集能力和跨时空的交流技术为民主沟通提供了技术基础，从而实现了程序民主。程序民主是指民主的程序和形式，注重行为结果对参与人的意见的反应程度。互联网远程传播的特点，克服了传统政治中“面对面”的咨询和协商的缺点，使人际关系普遍化，能确保联系不中断，有利于冲突或对立的仪式化表达。

2. 虚拟社群为公民权利意识的构建提供微观权力理论支持

互联网技术的不断发展，为虚拟公民社会的形成和发展提供了有力支持，进而产生了被誉为“微观权力”的“社会权力”。这种“微观权力”的产生，促使我国的国家治理模式发生了根本性的转变，对于政府和社会的关系，由以前的政府大、社会小，转变为政府小、社会大的新型模式。相应的，国家权力监督体系也作出了相应的调整，由原先的“权力监督权力，权力制约权力”向“微观权力”在监督体系中发挥重要作用的形式发展。“微观权力”是一种处于社会边缘和底层的分散权力，它的主体是所有公民，实现方式主要是通过对社会的资源动员，并以监督国家权力为导向。微观权力，不是来自单独个人的权力，而是单独个人形成的虚拟社群。虚拟社群是公民个体权利让渡和集中的一种表现，主要体现个人的利益，以及集中单独个人加入公共事务管理增强其影响力的集合。虚拟社群起到的主要作用在于强化个体权利、合理设置议题来保障个体利益的实现，有助于形成网络公共领域，从而为公民权利意识构建提供微观权力支持。

三、网络伦理道德的规范与建设

（一）网络伦理道德对公民权利意识的影响

伦理道德作为社会的上层建筑，是一定社会经济基础和社会生活的反映，并随着生产生活方式的变化而变化。道德是以善恶评价的方式来规范人们行为和人类实现自我完善的一种手段，它还是一种社会价值形态，也是一定社会生活的反映，它随着社会的发展变化而改变，网络道德也符合这种变化规律。网络伦理道德，是一种新型伦理道德关系，是指网民上网进行交往互动所应遵循的原则与规范。“网络伦理道德产生的基础是现实的社会道德，它是传统社会道德的延伸，是针对网络环境的特殊性而对传统社会道德所进行的细化和改良，但它与现实的社会道德既相互交融又相互独立。网络道德在具有传统道德的一般特点的同时还具有其自身的特点，如开放性、自主性、多元性等特点。”①

网络伦理道德对于公民权利意识起着积极的正向引导作用。网

① 参见钟英战：《当代社会网络伦理道德失范问题探讨》，载《山东省农业管理干部学院学报》2009 年第 4 期。

络伦理道德对公民权利意识具有有效的约束力。在现实生活中，传统的伦理道德规定时刻制约着人们的行为，在网络空间中，这种制约有被弱化的趋势，如信息造假者和谣言传播者散布虚假信息，发表不负责任的政治言论，造成舆论的混乱。在这样的情况下就要求网络行为主体在行使表达各种诉求、对时事政治进行评论和批判的权利的同时，严格遵守法律和道德规范。特别是在处理一些可能对他人、社会或国家造成一定负面影响的信息时，要理性对待，学会辨别真伪，做到不人云亦云，培养自己成为一个理性的公民，即达到德性伦理学的基本要求做“我要做道德要求做的”①。

网络伦理道德对于公民权利意识具有根本意义上的制约性。从治理效果看，法律、制度的约束存在滞后，往往是不当行为发生后才能发挥作用。而道德规范的控制和约束作用是通过行为主体自觉完成的，可以防患于未然，从根源上消除网络参与失范行为。网络伦理可以使道德自律的功能得到发挥，促使公民自觉地约束其在网络中的行为。网络伦理道德是一种道德上的自律，它以“慎独”为特征，使人在不受监督的情况下，能够做到高度的道德自觉，使其行为符合道德规范的要求。网络伦理道德不仅仅是从人们内心去产生道德自我约束来实现的，而是通过网络伦理规范，强化其约束力，进而对网络主体进行合理的引导。最具有代表性的是美国计算机协会的相关规定，设定目标是为社会和人类做出贡献，具体内容则要求行为人诚实守信，尊重他人的合法权利，如财产权、知识产权、隐私权等。上述规定体现的大都是道德规范。② 我国社会生活中也有相类似的规定，博客中国曾经大力推广其《博客道德规范倡议书》，

---

① Van Hooft S., *Understanding Virtue Ethics*, Acumen: Acumen Publishing Limited, 2006, pp. 10 – 17.

② 参见李昕：《网络技术时代的公民政治参与》，载《河北联合大学学报》（社会科学版）2013 年第 4 期。

呼吁广大网民，在通过网络进行自我表达、获得自由的同时，要正确认识到，自己的言论和文字所面对的是社会公众，甚至包括我们的家人和孩子。因此，必须去尊重他人，并尽到自己的社会责任。

（二）网络伦理道德建设的可行性分析

从现阶段来看，世界范围内的网络社会的发展还未成熟，但基于网络的发展而形成了一种新的社会团体，即网络共同体却已是一个不争的事实。正视网络伦理道德建设中的负面效应，实现网络伦理道德与现实伦理道德相辅相成，共同促进网络文化、网络文明的建设，为构建公民权利意识提供良好的发展背景。现阶段，随着网络社会的逐渐发展、网络公共领域的逐渐成熟，从而使得网络伦理道德建设不仅具有重大意义，也具备一定的可行性。

第一，现实的伦理道德奠定了一定基础。现实社会中的人作为网络行为主体来进行网络活动的过程，其中体现的道德意义实际上是现实社会伦理道德的一个延伸。实质上，网络信息技术所带来的负面效应是现实社会中人的自身的危机在网络中的反映，是人的生存方式和实践方式的危机。公民在传统社会中的道德认知和道德行为，直接影响了其在网络环境下的道德意识和道德行为的形成。互联网不仅是一个由计算机、通讯设备、网络技术及网络信息构成的物理系统，也是由网络建设者、管理者和用户构成的网络社区。特殊的网络活动必然产生与之相适应的独特的网络伦理道德观，但“网民”不是一个单独的抽象个体，不具有绝对的意义。在网络空间中，人们的伦理责任比以往传统社会中的更重了一些，这是因为他们不仅需要遵循以前既有的道德规范，而且还要遵循在网络中形成的新的道德规范。现实的伦理道德对于提高个体的网络伦理道德提供了一定的认知基础。

第二，人性本质相关理论起到决定性作用。美国著名的思想家史提夫·可兹认为：“互联网所引发的信息革命不仅仅是科技进步事件，更是一种社会政治文明现象，是人本身的发展”。王阳明对人性的本质有非常深入的见解。他认为，人如果能够做到，喜欢从善犹如喜欢美丽的事物，厌弃不好的品行犹如厌恶恶臭的气味，就是一个好人。人的喜好和厌恶是人最基本的情感，在这样的情感驱动下，对行为的选择就体现出自觉自愿。这样的道德情感发自内心，所从事的行为不再勉强，而是发自内心出于自然。① 当代学者也高度重视网络道德情感的培养，通说认为，网络道德情感是指网络主体在网络生活中对各种现象的好与坏、真与假等，根据自己的道德体系进行的情绪体验，表现为各种具体情感，如开心、愤怒、爱好与憎恶等。道德情感具有非常重要的作用，是人们获得道德认知后一种潜移默化的重要思想，直接影响到人们的行为，用以指引人们相应行为的方向。尊重网民处于“自然状态”下显示的人的自然本性，这一点东西方是相同的，西方德性也是如此要求的。② 不论是在现实生活还是在网络生活中，伦理道德建设都是出于人自身的内在需要，伦理道德所提供的精神支持与心灵净化功能，在网络生活中显得更为必要。

第三，网络文化为网络伦理道德建设提供实践领域。网络文化随着网络社会的发展已经深入到了社会经济和文化生活的方方面面，网络文化需要人们自觉地建构全球统一的伦理法则。随着网络文化运动的深入发展，人们开始认识到当代最具生命力的文化应该是全人类共同认知的并且高度融合的文化。“各个国家和民族在经济与文化交往中除了自觉保持自己本国和本民族的传统伦理之外，还应当不断寻求、整合并遵循某些人类共同的基本伦理或‘最低限度的普遍主义伦理’，诸如公平、诚信、责任等‘底线道德’观念。”网络

① 参见杨国荣：《伦理与存在》，上海人民出版社 2002 年版，第 135 页。

② Justin Oakley D. C., *Virtue Ethics and Professional Roles*, New York: Cambridge University Press, 2001, pp. 9 – 25.

时代的发展，为构建全球统一的普遍使用的伦理道德体系搭建了一个平台，有助于民族文化伦理的多样性发展，更有助于为世界文化伦理的统一性提供一个良性的发展机制。和谐的网络文化是网络伦理道德建设文化方面的重要背景，也是倡导网络文明教育的中心线索，网络文化的宽容与多样性，为人们的沟通创设了隐秘的环境，有助于人们心理压力的释放和缓解。

第五章　网络环境下公民权利意识的培育对策

拟提出一个网络环境下公民权利意识的生成模式，即通过对公民权利意识培育的结构性因素进行整体架构，以充分发展市场经济为基础、以构建和谐健康的互联网政治生态为动力、以树立法律信仰为保障的生成模式，然后提出网络环境下公民权利意识的培育模式和主体的确立，即确立国家为引导者的、公民权利意识上行—下行整合形塑模式，然后结合公民权利意识的具体问题理性地构建网络文化体系，实现公民权利意识的正确认识，发挥网络媒体的正向效应，促进公民权利意识的规范运行，最终探讨以法治实践的培育范式来保障公民权利意识的合理化实现。

第一节　网络环境下公民权利意识培育的整体思路

一、以充分发展社会主义市场经济为基础

从各国普遍的历史经验来看，市场经济可以促进公民权利意识的发展和提升。西方国家现代意义上的公民社会随着市场经济的发展得以发源，而其又作为现代民族国家的物质基础，两者之间也存在着密不可分的共生关系。随着经济社会的发展，公民的权利意识也逐渐成熟。马克思主义认为，物质基础决定上层建筑，而市场经济就决定了公民权利意识的物质基础。“作为一种经济活动的体制模式，市场经济已经不仅仅是人们最初作为经济范畴理解的概念，更是一种社会文化现象”。近年来，改革开放成果丰硕，在经济领域表现为社会主义市场经济体制的建立及良好运行。在此基础上，社会公众对社会主义市场经济规律有了更为深入的理解，公民权利意识的确立和发展也因此具备了扎实的经济基础。

（一）大力推进经济建设，奠定公民权利意识发展的经济绩效基础

市场经济发展对公民权利意识的构建有着非常重要的促进作用，其基本价值观念与公民权利意识具有内在契合性。公平竞争是市场经济的基本原则，其主要内涵是市场交易的双方应当具有平等的地位，交易内容由双方平等协商达成，此种行为表现的是人们对自由的追求，对民主和平的向往。作为联系个人、企业和社会的纽带，市场中的每一个成员都希望能够平等地参与社会公共事务，这也意味着人们追求民主的心情更加迫切。市场经济因其自身特点，自产生之时起就对参与者提出了较高的内在要求，其中包括公民的权利义务意识。随着市场经济的产生与发展，市场主体逐渐拥有了独立

人格和主体意识，随之而发展的还有个人价值与自由，个人自由是指在尊重他人自由的前提下维护自己的权利，公共意识便是以此为基础产生的。市场经济一方面可以促进现代公民意识的成长，主张追求自由、平等等现代公民理念，另一方面，市场经济的自发发展也会弱化公民的公共意识。分析中国的国情可以看出，过去中国公民的权利意识非常薄弱，随着市场经济的产生和发展，公民的权利意识有所提高，但仍有必要进一步地提升，尤其是经济落后的农村地区。若要提高公民的权利意识，一方面应该发展市场经济，为公民权利意识的培育提供稳定的经济基础，另一方面加强国家相应监督机制的建设，为公民权利意识的培育创造一个良好的环境。具体做法是：

1. 以科学发展观为指导，树立以人为本的发展理念

在经济建设的过程中，经济增长是重要但并不唯一的组成部分。经济发展应立足于科学发展观，即追求以人为本，就是从人的基本特点出发，满足作为人的最基本的需要，针对人民的根本利益，不断发展，不断改善和满足人民在物质和文化方面的各种具体需求，落实到人民的各项权益，包括经济、文化和政治等方面。以全面发展为目标，以协调为手段，实现可持续发展，让广大人民最终受益。这一要旨体现在经济生活方面，即要求我们坚持以经济建设为中心，以确立生产力的发展为根本目标。在发展经济的同时，人民群众的生活水平得以稳步提高，而这种提高既表现在物质方面，也体现在人们的精神生活上。从某种意义上来看，公民权利意识的形成与发展有赖于科学发展观的建立与完善。两者在核心价值上有着极为一致的追求，即以人为本。在科学发展观影响下的经济发展模式能够提高公民的自我权利意识和对他人及环境的义务意识，因此，科学发展观对于公民权利意识的影响无疑是正面且绝对的。

2. 发展生态经济

相对于片面追求经济进步的传统发展观，生态经济不仅关注如何实现快速发展，而且关注发展的目标和实现目标的手段，关注发

展的价值合理性。生态经济着眼于整体，并重视生态规律的作用。生态经济的一个基本理念是协调和可持续发展。对于协调发展的概念，有多重含义，一般包括人与自然、人与社会协调发展，物质基础与上层建筑的协调发展，地区之间、行业之间的协调发展等。可持续发展，就是寻求在人与自然之间建立一种和谐共存的关系，使人类社会的发展与自然资源的消耗相适应，在保证当代人需求的同时，也保有其满足后代人需求的能力，实现真正意义上的永续发展。“人们奋斗的目标，往往都涉及自己的利益”①，追求物质的人往往为了自己的利益不惜牺牲环境的代价，而公民的权利意识要求经济发展的合理与生态化。由此可知，生态经济的发展对公民意识的培育大有裨益。

3. 注重利益协调，建立公平正义的经济关系

公平和平等是公民权利意识的基石，这一价值追求反映在经济层面，即要求在分配方式上要加强利益的协调，以公平正义为根本目标，时刻牢记保证最广大人民群众利益的信条。也就是说，对党和政府而言，只有做到社会资源的平等分配，满足大多数民众心理上对公平的需要，提高人们的平均生活水平，才能够得到公民的认同。正如有学者指出：“经济发展固然是硬道理，社会公正也是硬道理。”② 坚持共同富裕不仅是社会主义的最大优越性，能否坚持共同富裕，防止两极分化，则是中国改革成功和失败的关键标志。必须进一步完善我国政治体制中的利益表达结构，构建面向所有利益主体的、畅通的利益表达渠道，提高利益表达的制度化、法制化和规范化程度。人民代表大会和人民政治协商会议制度在这方面发挥着不可替代的作用，但需指出的是，其利益表达功能仍有待进一步完

---

① 参见马克思、恩格斯：《马克思恩格斯全集》（第1卷），人民出版社2002年版，第187、119页。

② 参见胡鞍钢：《第二次转型：以制度建设为中心》，载《决策与信息》2002年第11期。

善。另外，社会团体组织也将成为一个重要的利益表达途径，为形成一套公正合理的利益分配模式而服务。

（二）加快建设网络基础设施，夯实网络环境下公民权利意识培育的物质条件

在网络环境下公民参与政治活动是公民权利意识开始觉醒的一个表现，建设网络基础设施对于提高公民权利意识有很重要的意义，它能够保障公民权利意识的顺利发展，尤其需要注意农村的网络基础建设，努力消除数字鸿沟对公民权利意识的不良影响。

1. 加大投资力度，建设互联网基础设施

近年来，我国在互联网基础设施建设方面所取得的成就是巨大的。工信部统计显示，截至 2013 年 12 月底，中国 4M 以上高速率宽带接入用户占比达到 78.8%，3G 网络已覆盖全国所有乡镇，4G 商用化全面启动。今后一段时间内，我国还将继续扩大投资范围，加大投资力度，以期建立起一个更高效、更安全、更广泛的信息通信网络。要想做到缩小我国东部与西部、城市与农村之间的信息差距，就必须建立并完善全国范围内的网络系统。网络基础设施的建设因其高度联通融合的特点更要注重协调各方面因素，实现统筹发展。

2. 加强农村地区的网络基础设施建设

随着互联网的发展，近几年农村网民数量大幅增加，随之而来的是农民生活方式的改变和生活水平的提高。而与这种变化不相适应的是农村网络基础设施的相对落后。因此，加快农村地区的网络基础设施建设应被提上日程。在此过程中，需要注意的：一是在宏观层面要继续推进网络建设和提升用户体验。扩大农村地区的网络覆盖面，不仅保证农村地区有网络，还要保证其上网速度迅捷。在农村地区实行网络优惠政策，降低其上网成本，提高其使用网络积极性。二是在个体层面上，要解决农民敏感的价格问题，包括硬件的价格和服务的价格，以降低网络的使用门槛，扩大用户群体，真正做到使最广大人民受益。三是针对公共服务领域，要加强学校、

网吧等场所的建设和管理，作为有效补充。这其中，学校既是一个网络服务提供机构，也承担着更为重要的教育功能。因此，对农村学校软硬件方面的投资是十分必要的。而网吧作为普通网民上网的主要场所之一，对于扩大网络使用也有重要作用。四是要紧跟时代变化，注重新技术、新设备在推动网络普及过程中的作用。

二、以构建和谐健康的互联网政治生态为动力

（一）互联网政治生态危机问题分析

互联网政治生态是一个生态系统，这个系统以信息为核心，由互联网政治成员及其环境组成，这些成员通过传递各自产生的信息而发生关系，形成一个可以自我组织、自我调节的动态平衡系统。生态危机的发生就是因为这种动态平衡被破坏了，这个系统失去了自我调节功能，从而引起生态失调。

某种负面观点的普遍化即可视为互联网政治生态危机的形成，其具体的表现形式根据不同的发展阶段也具有不同的形式，按照发展的顺序，归纳如下。

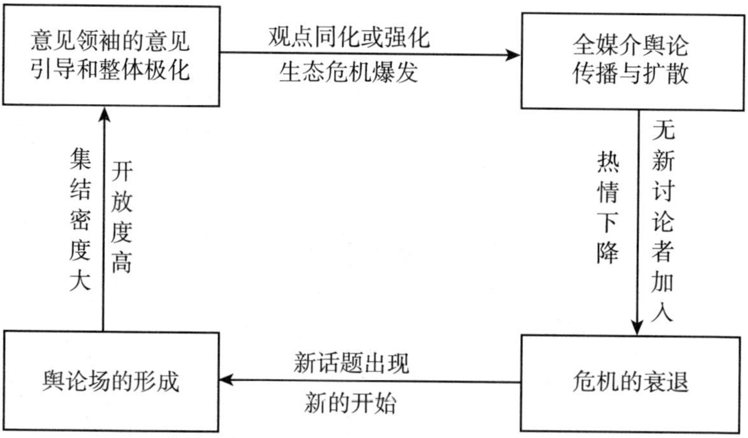

图 5.1　互联网政治生态危机的形成

Fig. 5.1　Form of Internet Political Ecological Crisis

1. 初始阶段：舆论场的形成

舆论场的出现意味着互联网政治生态开始出现危机，所谓的舆论场是指发表舆论的场所、能看见舆论的地方、谈论舆论的人群，这三者也是舆论场的构成要件。互联网完全符合舆论场的这三个构成要件。由于互联网的使用和发展，世界变小了，人们可以不受空间的限制与他人进行对话，发表自己的观点。在互联网中这一切都是成正比的，一个空间中参与讨论的人越多，讨论的开放度越高，交流就越充分。

2. 上升阶段：意见领袖概念的出现

"意见领袖"这个概念是拉扎斯菲尔德在 20 世纪 40 年代提出的。① 意见领袖是指在人际传播网络中经常为他人提供信息、意见、评论，并对他人施加影响的"活跃分子"。在舆论场中，有各种网络政治舆情在传播，但是舆论场通常不能够自发地导致互联网政治生态出现危机。那么危机是如何发生的呢？这其中意见领袖就扮演着一个关键的角色，他们把少数人的个人意见变为主流，然后再以这个意见为方向去引导更多的人。在网络环境中，意见领袖的身份并不是固定的，依目前互联网的发展态势来看，政府公务员、独立时事评论人、具有特殊目的的网络炒家都可能成为意见领袖。意见领袖通过对大众关注的热门话题进行更深入的采访和报道，扩大这个话题的影响力，从而进行网络舆论导向的引导。

网络舆论的形成往往离不开意见领袖，但意见领袖并不是其唯一要素。分析近年来互联网政治生态危机的一些案例，就不难发现，其中都包含了一个群体极化的阶段。群体极化是指加强群体成员中的某种倾向性，使一种观点或态度脱颖而出，占据支配性地位。群

① 参见保罗·F. 拉扎斯菲尔德：《人民的选择》，唐茜译，中国人民大学出版社 2012 年版，第 90 页。

体极化的概念是凯斯·桑斯坦提出的。[1] 如今互联网的发展更是为群体极化提供了一片生长的沃土。对于现在的网络论坛等网络交流空间，刘文富认为其为有共同爱好、价值观的网友提供了一个交流空间，使得他们的价值观或者偏见因为得到赞同而加强，而不是挑战和改造原来的价值观和偏见。一些个人、恐怖组织、极端宗教组织等，出于对现实的不满，在网络上散布谣言，诋毁政府，制造混乱。一旦群体成员信谣传谣，失去理智，那么就会爆发互联网政治生态危机。[2]

3. 鼎盛阶段：全媒介网络的产生

随着现在媒体传播形式的扩张发展，报纸、广播、电视、互联网等多种媒体之间已经构成了全媒介网络。一旦爆发互联网政治生态危机，就会通过各种媒介广泛传播。当危机发生时，各媒体都会第一时间进行关注和介入，而不论舆情产生于何处。各个媒体之间都有很强的关联性，信息在他们之间自由流动，并且在流动过程中交替的倍数变大，一个或数个主流网络政治舆论最终就会这样形成。虽然一方面传统的媒体系统会对网络政治舆情系统产生乘数作用，扩大其影响，但是另一方面传统的媒体系统也会对网络政治信息的传播进行控制和引导，也就是所谓的“守门人”作用。

4. 衰微、消亡阶段和新的开始：危机的衰退和新危机的出现

舆论随着时间的推移会产生一定的变化，可能由强变弱也可能由弱变强。当参与讨论的成员已经充分表达了自己的观点，又没有新的讨论者加入讨论，此时讨论的热情就会下降，议题也就跟着衰退了，这属于内部因素。当议题指涉的当事人或当局采取了某种措

---

① 参见林如：《网络公关：话语权争夺和网络舆论引导——以美国总统大选中奥巴马的网络公关为例》，载《新闻界》2009 年第 1 期。

② 参见刘文富：《网络政治——网络社会与国家治理》，商务印书馆 2002 年版，第 1、2、3 页。

施，事件寻找到解决方案，事态逐渐平息，此时议题也就没有存在的必要了，这部分属于外部因素。在网络环境中，信息的产生和传递是非常迅速的，互联网政治生态危机是永远不可能完全杜绝的，总是刚刚度过一个危机，另一个新的危机又即将出现。

（二）互联网政治生态危机应对分析

当今国际社会，经济全球化和社会结构分化的趋势不可逆转，在这种背景下，一国的政治能力变得越来越重要。美国学者罗伯特·杰克曼在《不需要暴力的权力——民族国家的政治能力》一书中指出，政治能力是政治生活的一部分，是政治发展的核心问题。[①]在杰克曼看来，政治能力就是政府解决冲突的能力，政权用政治手段解决冲突的过程，也就是权利实施与贯彻的过程。当前，增强国家政治能力问题已成为全球各国政府所共同面临的一个问题。尽管学术界对中国国家政治能力现状——是过强还是过弱存在争议，但不容质疑的是，中国已经遇到了国家政治能力建设的问题。这一问题在网络环境下显得尤为突出。网络作为当今社会生活的一个重要部分，其政治功能不言而喻。国家有必要加强网络政治能力的建设，充分利用网络特点，增强政府处理危机事务和化解社会矛盾的能力。

1. 加强以推进公众服务为中心的电子政务建设

实行“政府上网”制度是对原有的办公模式和思维方式的一种改变，这对于我国政府来说无疑是一个新的挑战。甚至对普通民众来说这也是一个很大的变化，关乎他们生活方式的改变。电子政务在我国起步较晚，但发展很迅速。根据工业和信息化部网站的统计，省市政府网站普及率最高，已全部普及；地市级政府网站略次，中央部委政府网站普及率稍低，但都超过了95%。同时，根据《人民

---

① 参见［美］罗伯特·杰克曼：《不需暴力的权力——民族国家的政治能力》，欧阳景根译，天津人民出版社2005年版，第78页。

日报》与人民网联合进行针对政府网站建设的相关调查，主题围绕地方政府网站中关于民意通道建设的问题，超过 95% 的网友表示，政府网站中民意通道不通畅。其中问题比较多的是认为政府的民意通道实际意义不大、反馈延迟、出现问题仍然存在推诿或者塞责等现象。① 从以上数据可以看出，政府网站的普及率很高，但是质量不高，不能满足民众的要求。设立政府网站的目的就是服务民众，如果不能做到为民众服务，使民众满意，那么设立它也就没有意义，电子政务的便捷高效也只是纸上谈兵了。电子政务当下面临的问题就是如何利用好网络平台，真正地做到为人民服务。

2. 有效进行网络政治舆情监测

信息在当今时代是一种极其重要的社会存在，其蕴含的力量是无形的，却也是巨大的，足以改变整个社会走向。网络作为信息最大的集散地，自然也是风险的高发地。网络舆论具有极大的不确定性和突发性，这就要求管理者具备敏锐的洞察力和快速的反应力，能够及时处理各种复杂情况，以维护社会稳定和谐。管理者要正确把握网络舆情的特点规律，清楚了解网络舆情的存在空间，加强对新闻留言版，网上论坛，博客、微信、网上通讯聊天工具等个人信息发布平台的信息搜索，搜索时要准备定位关键词，提高搜索的针对性和有效性，全面真实客观地反映舆情，第一时间掌握相关情况。有效防止政治谣言的散布，需要政府加强对舆情机制的建设，与此同时，应当吸收具有专业技能的人才，这样才能更好地进行网络舆情治理。因此，现代信息技术在网络舆情管理方面的运用既是大势所趋也是时势所需。

---

① 参见陈英凤：《政府网站高普及率背后的隐忧》，载《政府法制》2009 年第 11 期。

3. 实现舆论引导的效果最优化

社会态度改变理论产生于20世纪30年代，其对网络舆论引导有一定的借鉴意义。所谓的网络舆论引导本质就是对网民的态度加以引导使其改变原有的偏见。在社会态度改变理论中，最具有代表性的是霍夫兰德态度改变——说服模型，在该研究中认为，态度改变过程，从实质来看是一个信息交流、进行沟通的过程，分析的重点必须着重在四个方面：设定信息传播过程，主体是信息的传播者（说服者）和相对的信息接受者，以及相应的传播情景等。[①] 这一模型的实施以对网络舆情的科学分析为前提，进而掌握引导舆情的主动权。当下，社会价值的发展越来越趋于多元化，在这种背景下，社会主流意识形态已经很难在网络舆情中占据绝对优势地位，与之形成激烈竞争的是各色各样层出不穷的社会新思潮。因此，新形势也对舆情引导的管理者提出了更高的要求，不仅要具备较高的政治素养，更要具有结合实际、具体分析的能力。其中，准确把握舆情背后所反映的民众诉求，是极其重要的关键点。上升至观念层面，要求管理者转变传统的“官本位”思维方式，取而代之的是“民本位”的理念。这一变化在解决某些敏感问题的过程中尤为重要。舆论引导并非单纯的单向行为，要实现舆论引导的效果最优化，管理者与民众的交流是必不可少的。在交流过程中，注意把握受众心理，深入浅出，因势利导，并听取民众意见，形成良性互动，最终达成共识。如此便可牢牢掌握舆论引导的主动权。

4. 整合媒体资源，形成政治舆论合力

网络时代，传统媒体的地位受到极大挑战。网络便捷、高效的特点使得人们能够更快地接收到更为大量的信息，满足了人们日益

① 参见董巍：《态度改变——说服模型的理论传承及其简化》，载《黑龙江教育学院学报》2009年第5期。

增长的信息需求，但是相比于互联网，传统媒体仍有其不可替代的价值。不同于网络环境下信息的真假难辨，传统媒体通常具有更高的公信力，这一点在众多的官方媒体身上体现得尤为明显。在某些情境下，传统媒体所起到的作用是网络无法企及的。因此，传统媒体依然是公众获取信息的一个重要来源。而传统媒体的这一优势在一定条件下又可以反作用于网络，两者若形成合力，由网络担当信息发布的先遣队，传统媒体作为信息鉴别真伪的守门人，各尽其能，优势互补，势必对政治舆论引导有极大的推动作用。

5. 加大信息公开力度

信息公开是民主政治的必然要求，互联网的应用则为其提供了便利条件。一方面，政府应当建立行之有效的信息发布机制，利用网络平台，第一时间发布信息，并且兼顾效率与准确性。另一方面，政府应当敢于面对自己的工作过失，承担相应的责任，而不是选择逃避或者隐瞒。只有得到公民的信任，政府才能树立威信。“说真话，立刻说”是诺曼·奥古斯丁认为政府面对危机首先要做的事。政府应当正视问题，积极寻求解决方案，从多年的实践经验来看，政府应对网络舆情危机，必须主动出击，第一时间发布权威信息，把握网络舆情动态，及时引导舆论的发展。

三、以树立法律信仰为保障

（一）法律信仰的价值旨归

法律信仰是社会公众对法律忠诚的信仰，是社会公众对法的一种主观把握方式以及在理性认识基础上油然而生的一种神圣体验。制度、秩序和统治工具都代表不了法律，法律代表着公正、力量和信念。法律信仰最大的特点是无形的，所谓无形主要指法律信仰对公民的影响主要是通过内心的信念来实现。

法律信仰和公民权利意识互相促进，缺一不可。从一个角度来讲，法律信仰可以直接促进公民权利意识的发展。法律信仰虽然是无形的精神理念，但是却在生活中对人们的行为能够起到规范和指导作用。亚里士多德所讲“法律能见成效，全靠民众的服从”[①]，法律作为一种保障公民平等、自由的工具，其应该设置明确、便捷的程序，使得人们可以更好地通过法律保护自己的权利。实现依法治国，建设法治国家，必须以公民信仰法律为基础。虽然法律代表着公平正义，但是法律并不是万能的，法律所调整的对象仅限于人的行为，而不包括思想。只有全体民众真正地接受法，公民的权利才能够得到保障，人们的权利意识也会逐渐提高。从另一个角度来讲，公民权利意识是法律信仰最重要的现实基础。权利是法律的内核，人们基于对自己权利的需要会产生对法律的信赖和追求，这就是公民权利意识的觉醒。健全的公民心态对权利意识来说，是一种隐形的内驱动力。一个社会的公众如果普遍地信仰法律，则这个社会的公民权利意识一定是高涨的；当法律被公众真正地接受时，公民会自觉地遵守和信赖法律，法律的权威树立起来，真正起到对公民的规范和指导作用，人们的权利才能得到更好的保障，所以要培育公民对法律的普遍的信仰。反之，如果这个社会的公众对法律的信仰有限，那么这个社会的公民的权利意识也会很淡薄。

网络环境下，公民法律信仰的培养有着尤其重要的意义。网络环境下，公民权利意识有了一定的发展，但在网络环境下的公民权利意识整体上呈现出混乱不清的状态，导致网络环境下各种权利诉求、权利纷争不断。面对网络这种比起传统的社会更复杂的环境，树立法律信仰，对于梳理公民权利意识的精髓，实现公民权利与道德自律的自我提升，将会产生更加深刻的意义和更为实际的优化效果。在网络环境下形成人们对于法律的信仰，能够使人们自觉用法

① 参见空中野风：《从“遵法”到“尊法”》，载《法律与生活》2013 年第 1 期。

律规制自己的行为，为国家规制网络环境提供了便利的条件。

（二）弘扬法律信仰，培育公民权利意识

1. 加强法律文化建设，培养法律信仰

一方面，将传统法律文化同现代法律价值统一起来，找到两者的共通点，在吸收并充分利用本土法律文化资源的基础上融入现代法律价值。一国的法律只有贴近公众的生活，才能够得到公众的信任。法律与道德的关系是非常密切的，应当将两者联系起来，实现道德与法律的完美融合，这样才能使法律得到道德的支持。另一方面，实现以道德为主导信仰向以法律为主导信仰的转化。举例来说，中国历史上曾以“无讼”作为司法的最终目标，然而“无讼”却是与社会现实甚至人性相违背的。人们的生活中处处都与法律有着密切的关系，公民权利意识的提高意味着人们开始重视自己在法律中所享有的权利，这是社会进步的表现。构建和谐社会是指通过“有讼”来合理合法地解决矛盾，“无讼”显然是与现实相冲突的。

2. 加强公众对法律的实践体验

公众能否信任法律，一方面取决于法律在根本上是否代表和保护着公民的利益。法律想要取得公民的信任不能只是法律宣传，更重要的是使公民切身感受到法律对其权利的保护。如果说公民在司法活动中发现法律存在许多黑幕，发现法律的应用并不公正透明，发现法律并不能真正保护他们的合法权利，他们就不会将法律与公正相连，对法律的尊崇与信仰在他们的心里也会大打折扣。另一方面取决于国家是否遵守法律以及执法过程是否合法。伯尔曼的一个重要观点认为：“守法所守的法，是属于全体公民的法，因此，不仅是民众要遵守法律，法官等立法者也应该守法，并且他们应该作为守法的代表。”公民对法律的信赖有一个必要前提，即国家和政府对法律的尊重与遵守，如果这一前提不具备，那么公民对法律的信念也就无从谈起，甚至可能走向违法。

3. 促进和发挥法律价值的影响

法律价值是指在作为客体的法律与作为主体的人的关系中，法律对一定主体需要的满足状况以及由此所产生的人对法律性状、属性和作用的评价。人们自觉遵守法律、真正信任法律的前提就是他们感受到了法律的价值，认识到法律存在的目的是保护每个公民的合法权利不受侵犯，在法律的保护下每个公民都是自由的、平等的。如果守法者并不能感受到法律的价值，那么法律价值就只是一句空话，法律也不能得到公民的信服。美国著名的当代法学家伯尔曼认为，法律的意义不只是作为统治工具而出现，法律的价值和意义在于法律是一种理想，让人们心悦诚服地去努力实现的理想。在推进法治的过程中，应当充分重视法律价值的意义，摒弃法律工具主义认识论。梁治平指出："法律价值得到关注，才能促进培养公民的法律情感和信仰。"①

综上，网络环境下公民权利意识的培育首先需要一个健全的社会外部环境和条件。针对网络环境下公民权利意识培育中出现的权利认知障碍，权利运行的概念偏差以及对权利实现的保障欠缺等现实问题进行分析，进而形成网络环境下公民权利意识现实问题的原因，从而总结得出，主要是由于受到经济因素、政治因素、法律信仰因素的限制造成了网络环境下公民权利意识培育的障碍，最终考察到，网络环境下公民权利意识的培育是一个系统的社会工程，必须从宏观的角度进行整体的规划和设计，以全局的高度来构建网络环境下公民权利意识培育所需的外部条件。达成这个外部条件主要依靠国家和社会的共同努力，系统而宏观地构建网络环境下公民权利意识培育的整体架构：以大力发展市场经济为基础、以构建和谐健康的互联网政治生态为动力、以树立法律信仰为保障。这三者之间紧密联系、共同作用，从而构成公民权利意识培育的制度性框架。

---

① 参见梁治平：《法辩》，贵州人民出版社 1992 年版，第 196 页。

第二节　网络环境下公民权利意识形塑模式构建

一、公民权利意识上行—下行整合形塑模式的明确确立

（一）自下而上公民个体权利意识的审视

从西方的权利抗争模式来看，主要是自下而上的途径。在这一点上，美国最具代表性。美国黑人的公民权利意识就起源于一系列的民权运动，并自此开始了自下而上的抗争活动，最后获得了平等权、选举权以及受教育权，等等。

从中国的实际情况来看，公民权利意识已经萌芽并得到初步发展，近年来出现的“草根维权”即是其中一个具有代表性的现象。分析近些年来草根维权的案例，可以看出底层公民维权基本分为两类：一类是维护个人或者特定群体的利益，即维护私权，如最牛钉子户案件等；另一类是公民个人发起的维权，但是以公益为目的，如郝劲松起诉铁道部，缘由是2006年春运涨价铁道部并没有召开听证会的程序违法，经过郝劲松一年多的努力，最终实行了14年的春运火车票涨价制度废除，这也使广大的普通百姓从中获益。随着法律知识的普及，公民维权的案件越来越多，这意味着我国公民的权利意识越来越强。实践表明，现阶段中国公民的权利意识萌发与初步发展呈现出自发的、从下而上的特点。

根据前述关于构建公民权利意识的理论，结合我国的具体实践，可以看出我国公民权利意识的培育与发展需要自由主义的基础支持，即需要充分强调公民个体权利意识的萌发与巩固。自由主义主张的限制权力对规范政府公权力非常有必要，但需要重视的是，一味地排斥否认政府在构建公民权利意识过程中所起到的积极作用，则会打击政府作为的积极性，转而不作为、采取冷处理。中国现在正处

在转型期，各种价值形态激烈交锋，虽然开放的社会需要多元的价值形态，但是构建公民权利意识仍然需要维持必要的向心力。自由主义主张价值中立以及限制国家权力在私人领域的行使，但仍然也是以一定的价值共识为前提。中国正处于价值共识的探索阶段，仅凭公民的自觉并不能保证价值共识，反而会起到反效果。

（二）自上而下的国家政府主导权利赋予模式的修正

在公民权利意识的构建问题上，除了自下而上的权利抗争模式外，在许多国家和地区还存在政府权力主导下的社会变迁。我国是在1949年新中国成立后，原有的国民概念被公民概念所取代，1953年的《选举法》和1954年的《宪法》中开始使用了公民这个概念。虽然概念上更新了，但是在现实生活中百姓并没有真正领悟到公民的实质意义。很长的一段时间，人们都是以老百姓自居，对于公民这一称谓觉得相距甚远，更谈不上公民权利意识。从权利的获得来看，西方国家公民的许多权利首先是作为实践出现的，经过反复实践与斗争，才取得法律上的认可与承认，因而公民对于权利以及权利意识是主动和积极的态势。而在中国，公民权利是在革命胜利后获得的，通过掌握政权在法律中予以确认。也就是，对于公民权利意识的产生与获得是通过自上而下的方式由国家、政府主导而产生和发展的。

根据我国的基本国情而言，中国公民的个人权利是指国家予以许可的公民的自身权利需要，这也就是说公民个人权利的获得不仅仅靠公民个人的抗争。公民资格权利的发展不仅仅需要公民积极行使自己的权利，国家在这个过程中仍然占据着主导的地位。市场的发展需要国家制定相应的政策和制度，国家不仅是规则制定者，也是裁判者。当然在制度的构建中，公民所占的分量越来越重，改革开放以来，中国公民的权利在公民、政治和社会意义上都得到了长足的发展。在培育公民道德和公民精神方面，国家扮演着重要的引领者的角色。以社群主义的观点来看，精神和美德比权利和利益更重要。麦金泰尔曾明确指出，“不论在何种社会，实践可以根据完全不一样的准则来进行，但是如果一个社会里，不重视德性的话，实践绝不可能在这样的社会里兴盛”①。

公民权利意识的培养，应当遵循公民自觉的方式。公民权利意识的问题本质上是政治问题。“公民身份，从本质上来看，是明确在现代政治共同体中作为社会成员的性质”②。公民伦理要想发展成为生活的伦理，必须具备某些特殊的社会条件，其中包括确定每个成员在法律中的资格。自由主义主张的国家中立在社群主义中是不可能成立的，国家应当顺应时代的要求，把握时机，进行正确的价值引导，促进公民权利意识的发展。

（三）公民权利意识上行—下行整合形塑模式的探索

自由主义和社群主义的争论为中国公民权利意识的培养提供了一定的方向，包括主体及路径的确定，都可以有更加多样化的选择。根据自由主义和社群主义的争论，在构建公民权利意识过程中，我们一方面应当吸取两者为我们提供的理论精华，另一方面我们也应当看到中国问题在适用这两者的解释上存在一定的局限性，即以全面的、批判的眼光来看待两者的异同点，博采众长，为我所用。从中国的实际出发，从培育主体上来看，公民权利意识的构建主体有国家和个人两种，同时公民意识的构建渠道也有两种，即自下而上的个体权利抗争模式和自上而下的国家、政府主导模式。从公民权利意识模式的选择来看，在我国单纯强调自下而上的个体权利抗争模式或自上而下的国家、政府主导模式都不是最佳选择，而是需要

---

① 参见麦金泰尔：《德性之后》，龚群译，中国社会科学出版社 1995 年版，第 98 页。

② 参见陶建钟：《公民身份、公民文化与公民教育——一种民主与国家理论的共洽》，载《浙江学刊》2009 年第 3 期。

结合两者之长、避两者之短，采取公民权利意识上行—下行整合的形塑模式。

在公民权利意识的培育中，自下而上的公民个体权利抗争模式与自上而下的国家权力赋予模式，两者是辩证统一，相互对立，相互统一的关系。一方面，公民权利意识的培养需要个人主体意识的自觉，公民的公共精神和公共美德是公民权利认知与行使的精神向导，其不仅需要公民的自觉，也需要国家进行引导。公民权利意识的培养与发展不能只依靠自由主义设定的消极国家，还提倡公民的自觉。以自下而上的模式为主，更容易为公民个体所接受。这一模式的理论意义不必赘述，更为关键的是，其在现实应用中也有着显著的积极作用。重视公民的个体权利，满足公民对其权利的需求，维护公民的合法利益，保障公民个体的主体性地位；改革开放以来，随着市场经济的发展，公民对自己的权利越来越重视，尤其是底层公民，自下而上的个体权利抗争案例越来越多，这种抗争模式给予每个公民独立的权利主体地位，对公民权利意识的培育的一个重点就是对个体权利的保障。构建公民权利意识不再仅仅依赖于整体的共同进步，而可以通过由点到面、以点带面的方式逐步建立。强调公民个体的权利意识，确立公民独立的权利主体地位是出于公民对自己权利的重视以及对自己利益的维护，这也是市场经济发展的必然要求。另一方面，以国家的合理指导为基本原则，充分发挥国家政府对于公民权利义务的合理分配、个人与制度的合理安排，避免自由主义的消极影响，从而为公民权利意识培养模式提供多元化建设主体，扩大公民权利意识构建的空间。根据我国的现实国情，国家仍然掌握了绝大部分资源，因为如果国家放弃了在构建公民权利意识中的主体地位，那么就意味着公民必须自己在残酷的竞争中保卫自己的权利，这无疑是没有保障的，所以从历史传统和现实需要的角度讲，国家都应当承担起责任。提高国家与社会的凝聚力，提升公民的整体意识与大局意识是培育公民权利意识的应有之义。吸收自上而下的权利模式，认定国家应该是公民权利获得的积极推动力量，应该是引导者和弘扬者。在中国当下的国情背景下，这一点格外重要。亦即对于尚处于发展阶段的中国，政府有培育和发展公民权利意识的责任。

综上，采取公民权利意识上行—下行整合的形塑模式，就是合理设计公民权利意识培育的外部条件和内部切入点，是创造一切条件积极促进公民权利意识的发展的有效模式。

二、互联网构建公民主体身份的逐步实现

西方公民权利意识产生的原生性主要体现在其公民身份获得的途径是自下而上，特纳指出，如果公民身份是由自下而上的斗争中开始发展的，那么这种公民身份将是积极的，与此相反的另一种公民身份是自上而下被给予的，那么公民身份则是消极的[①]。在确立上行—下行的整合形塑模式后，可以明确在公民权利意识培育中，公民应居于非常重要的地位，国家居于引导者的地位。因此，培育公民权利意识的首要问题便是公民主体身份的确立。

互联网背景下的网络事件的发生，依托于一个区别于传统社会的全新空间，与之紧密联系的是该空间中的行为主体，即通常所说的网络公民。网络对公民思想和行为的改造是显著的，这在一定程度上也深刻影响着公用领域的各个方面。网民在参与网络事件的过程中，其公民权利意识也随之不断发育和成熟。网民身份作为一个桥梁，使公民完成了向网络公民的转变。网络公民相较于普通公民，其积极性和社会性特征更加明显，于此基础上建立网络公民身份体

---

① 参见［英］布赖恩·特纳：《公民身份与社会理论》，蒋红军、郭忠华译，吉林出版集团有限公司2007年版，第10页。

系也就更具有可行性。

1. 网络公民概念的提出

公民是以国籍为标准来界定的，公民身份意味着宪法给予国家共同体成员的公民身份，出于各国不同的国情，各国宪法中规定的公民所享有的权利和应承担的义务也有不同，而且还会随着国情的变化而变化。“公民权利一般是由两种主要类型组成，一种是得到一致认可的、以基本权利行使出现的，另一种是比较特殊的权利，仅限于某些具体的历史情形下出现。因此也有人认为公民权利是一种混合体。衡量公民是否具有相应资格或所谓公民性，是根据公民身份所意味着的权利、义务与责任。”①

对于网民的概念，通说观点认为是网络使用者。这个定义所指的范围非常广泛，包括所有将其终端设备连入互联网并进行网络活动的人。国外有学者认为用网民（Netizens）这个词能更加形象地表现出网络在人们的社会活动中所发挥的作用。Netizens 一词最初是由霍本发明的。他认为通常意义上的“网民”概念有两个层面，一个是宽泛、笼统的，包含了每一位网络使用者，至于某些使用过程中的具体问题则在所不问；另一个更关注使用者的主观方面，即考虑其是否具有明确的目的和意图，且此种目的和意图是否关乎群体利益或社会利益，是否致力于营造一个更好的网络环境。由这种定义可以得出，网民并非一个单纯从客观行为角度出发的概念，而更多的是关注其使用者主观所欲达成的行为效果。如此来看，并非使用了互联网即可称作“网民”。严格意义上的网民需要同时满足主观态度、活动特征、行为效果等多方面要求。

“网络公民”一词是将公民概念加之于网民身上。学者们对于网

---

① 参见［英］德里克·希特：《何谓公民身份》，郭忠华译，吉林人民出版社2007年版，第123页。

络公民有不同的认识，昝玉林认为，网络群体是网友们通过持续的网络互动形成稳定的交往关系的产物，它的特征表现为构成人员比较复杂、内部关系松散。① 陈联俊、李萍认为，网络公民是指现实生活中的公民在网络环境中独立、自由、进取的存在状态。史文崇认为，网民的质取决于网民的成熟度，成熟的网民不仅具有丰富的网络知识，娴熟的上网技能，更应该具有正面的上网动机和正确的互联网理念。② 网民与网络公民是两个不同概念的词，只要能上网就能被认为是网民，但是，在广大的网民中，只有一小部分符合网络公民特征，即具有完备公民意识的网民能被称为网络公民。网络公民不仅需要网络知识与技能，更需要有一定的责任心和关怀意识，网民随着公民权利意识的增强会渐渐转换身份，成为网络公民。

2. 网络公民身份的构建

（1）网络与公民身份。每个人在社会中都有一定的身份，每种身份都是以一定的价值观为参照标准建构的。公民身份的建构，其参照标准就是公民共同体价值观。从构建的标准来看，阿尔蒙德在《公民文化——五国的政治态度和民主》一书中将人划分为乡民、臣民和公民，其参照标准就是公民的能力。所谓的公民能力就是指公民对政治的影响力，一个积极的公民，必须以具有公民能力为前提。西方国家研究公民身份的核心就是公民的政治参与意识与政治参与权利，其中尤为重视政治权利与个人基本权利。③ 马克·波斯特在《互联网与公民身份》一书中从网络对公民身份影响的角度，论述互

① 参见郑永廷，昝玉林：《论网络群体与人的发展》，载《思想理论教育导刊》2005 年第 12 期。

② 参见史文崇：《网民成熟度及其量化研究》，载《中国信息界》2007 年第 20 期。

③ 参见［美］加布里埃尔·A. 阿尔蒙德、西德尼·维巴：《公民文化——五国的政治态度和民主》，马殿军、阎华江、郑孝华、黄素娟译，浙江人民出版社 1989 年版，第 15 页。

联网对公民身份的影响。针对互联网与公民社会研究中的理论和方法，杨国斌提出了自己独特的见解，他认为“应该借鉴较新的‘多址民族志’方法，以此来对体现为复杂关系的研究对象进行解释，应该放弃以往在传播界广为适用的技术决定，而是充分去考量历史性、全球性以及多元互动化等因素”①。

网络公民并不是脱离现实公民的虚拟存在，网络公民与现实公民之间具有一致性。因为网民本身就具有公民的身份，从本质上讲，网民只是在公民概念上附加了一个特定的方法限制，即网民通过网络，而非传统途径表达公民诉求，但其表达内容本身并无差别。随着网络公民意识的崛起，网民逐步成为网络公民，进而实现网络公民与现实公民身份的统一化得到普遍的认同。在验证互联网空间推动政策和制度改革的可行性的研究中，美国传播学教授斯蒂芬·科尔曼提出应当让公民作出与他们自身利益有密切关系的决定，即参与监督机制的改革。网络公民的政治参与意识还是不同于现实公民，两者身份的塑造也有一定的差异，但两者之间具有相同的基础、相同的诉求和相同的利益追求。从根本上来说，网络公民之所以形成，是因为在网络舆论的环境里，充斥着各种公民意识与正义的声音，网民在网络环境下少了现实身份的压力，其发表的观点和看法是比较自由的。但网络公民毕竟不可能脱离现实而独立存在，最终其仍需回归现实生活，以实现网络公民与现实公民的统一。

（2）关于实名制与匿名制的思考。公民在网络环境下，对于其主体身份的构建，有一个非常重要的问题，即匿名与实名之争。匿名制一方面放大了政治表达的自由，另一方面也给网络政治文化生活带来了很大的挑战。

---

① 参见杨国斌：《互联网与公民社会研究中的若干理论与方法问题》，北京人民文学出版社 2007 年版，第 223 页。

匿名的意义非常重要。匿名并不意味对现有政治制度或政治秩序的反对，其实质是一种表达或建议，只不过采取一种规避或隐蔽的方式。有观点认为，网络匿名也是法律权利的一种，应当受到保护。此种理论具有相当的现实意义。从社会发展的整体趋势来看，表达自由愈发成为公民权利诉求的核心内容，而网络匿名对表达自由的利好是不言而喻的。尽管它可能带来网络侵权甚至犯罪等社会问题，但也完全可以通过严格立法辅以技术手段加以管控。因此，匿名制从本质上来说是与保护公民基本权利的价值追求相符的。

匿名性的负面效应是，越来越多的网民对自己的网络行为可能产生的后果及责任，持一种放纵或置之不理的态度。加之网络道德没有得到及时有效的加强，对他人和社会利益的淡漠，网民对他人权利和社会公共利益的侵害正变得日益严重，盗版、色情、侵权、黑客等网络违法犯罪活动已经成为社会公害和网络公害。在面对匿名所造成的种种不良影响时，另一个与之相对的概念——实名，即进入了人们的视野。二者的最大区别在于对网络表达自由的限制与否，本质上是对话语权的争夺。网络话语权同现实生活中的话语权一样，是公民绝对保留的基本权利，不受任何权力所制约。网络环境下，因其自身的特点，需要对表达自由做一个全面的考量和平衡，绝非单一的实名或匿名所能解决的。

根据我国的实际情况，参考其他国家的做法，实行全面网络实名制是不合适的，而主张实行有限的实名制较合时宜，因此，建议建立一套完整的机制，实行有限的网络实名制。首先，建立一套行之有效的监督机制，形成政府、网络媒体及公民三方之间的互动监督关系，保障实名制的实施；其次，进行科学调研及充分协商，确认哪些领域必须实名制、哪些领域可以由公民自由选择；最后，推进立法的完善，保证对公民个人信息权、隐私权的保护，同时强化执法实现公权力的制衡。

三、国家引导者地位的确立与实现

网络环境下，对于公民权利意识的培育，应当因势利导，采取比较灵活多样的方式方法。与现实环境中培育公民权利意识一致的是，网络环境下国家仍然在公民权利意识的构建中起着主导作用。这是与中国社会主义的国家性质以及社会主义初级阶段等特征相符的。现阶段的中国，国家掌握了主要资源，国家对经济制度、政治制度和文化教育制度的制定居于制定者和执行者的地位，其核心作用不言而喻。公民权利意识的培育需要公民个体的主体意识的自觉与萌发，也需要国家公民精神与公共美德的达成，也就是说，公民权利意识的培育，不仅需要公民个体自身素质的建立与发展，也需要来自国家的必要的引导，在某些情况下，国家的引导具有更为重大的现实意义。国家承担着所有制度政策的设计、变革的所有责任，同时也担负起对公民权利意识的教育及引导作用。但需要注意的是，国家担任公民权利意识这一培育主体的作用，并非是一种硬性任务，而是通过柔性的手段，以各种软性环境建设和主旋律的弘扬与强调来对公民的权利意识构建起到合理的引导作用。具体来说，国家作为引导者，是网络环境下公民权利意识培育目标的定位者、公民权利意识培育整体制度的规划者，以及各种具体切入点实施的保障者。

（一）公民权利意识培育目标的定位者

公民权利意识的培育目标的确立，对于促进公民权利意识的发展有着非常重要的意义。只有明确确立的培育目标，才能在实践中更好地促进公民权利意识的培育与发展。国家应根据当前的政治、经济和社会发展状况，结合公民个体的实际发展情况，通过各种途径，从理论到实践树立一个正确适当的目标。从当前来看，需要培养以公民主体意识为起点，以塑造公民精神、公民德性为重心，以形成公民信仰为最终价值追求，使公民成为独立、理性和自由自律的现代公民个体。网络环境下，国家应肯定公民具有能动的自主性与独立性，在此基础上促进公民的思想自我解放和个体自由意志。同时，积极引导公民在各种网络事件中进行审慎反思和批判性思维理性能力的形成，通过网络公共生活的参与，促使公民勇于承担社会责任，塑造独立自主的现代公民。国家作为公民权利意识培育目标的定位者，应以一定的高度，高瞻远瞩地把握时代发展趋势，适应现代化发展规律，正确遵循价值引导机制，合理预测，适当超前，对于公民的权利意识培育目标进行准确定位，树立积极的公民精神，并适时更新与推进。

（二）公民权利意识培育整体制度的规划者

在公民权利意识培育中，国家在具体制度构建的定位应是积极主动作为的。制定以促进、提高公民权利意识的整体制度，是国家促进并保护公民权利意识的重要途径。当代社会中，国家最重要的目标在于保障人民过上有尊严的生活，实现公民的全面发展与自由。现代社会的法治国家，不仅仅是经济发达的社会，更应该是民主政治高度发展的社会，尤其是对公民权利给予高度重视和尊重的社会。网络环境下公民权利意识的培育要进行配套制度的整体架构，需要充分发展社会主义市场经济，构建和谐健康的互联网政治生态环境，弘扬法律信仰，最大限度地引导启发和满足公民权利意识。国家应进一步深化经济体制和政治体制改革，大力发展社会主义市场经济，继续推进民主政治进程，为公民权利意识的培养创造良好的宏观社会环境。国家在对具体制度的构建中注重维护现有良好的社会运行环境，提供公民参与国家管理和社会活动的机会，充分运用和发展培养公民权利意识的各种积极因素，不断消除不利因素。

（三）公民权利意识培育具体实施途径的保障者

国家要为公民权利意识培育搭建制度基础条件。首先，在构建网络文化中，国家应完善并推行网络伦理道德体系，制定合理网络运行规则规范，在全社会构建理性有序的网络政治文化平台。网络文化不是随着网络的出现就有的，我国在公民文化培育上缺乏思想观念的积淀，尊重他人合法权利、维护自身合法权益的意识普遍缺乏，再加之网络出现时间并不是很长，因而这就需要政府加强对网络文化主旋律的弘扬与建设。其次，在网络媒体作用的发挥中，国家应充分运用网络媒体，借助各种有效的传播媒介，充分开展与网民的积极互动。以社会主义价值观为主旋律，积极争取网络话语权，正确面对网络中的各种突发事件与网络舆情，充分发挥网络媒体的正面效应。最后，法治建设中，国家应发挥主体作用，在立法、执法、司法的各个环节中，对互联网进行必要的管理，对于危及国家安全和社会安全的互联网犯罪进行坚决打击。完善的法律、法规是推进公民权利意识培育与发展的基础和保障。

第三节　网络环境下公民权利意识培育的具体切入点

一、理性建构网络文化实现公民权利意识正确的认识

（一）理性建构网络公民文化

1. 网络公民文化

文化是一个内涵很丰富的概念，主要是指一切人类在生产或生活中所创造出的各种物质成果和精神成果。由于现在互联网高度发达，网民已然是一个庞大的群体，网络文化的形成是一个必然的趋势。网络文化形成于网络平台，并依附于现实社会，是一种社会亚文化。公民在现实生活中形成的民主参与文化，在网络环境下也有相应的延伸与拓展，从而形成网络公民文化。网络公民文化的构成要件主要有：借助网络平台，实施民主参与，发挥主观积极性等，

它的本质是网民表达公民诉求而形成的一种网络政治文化。关于我国的网络公民文化，学者齐百健提出，网络公民文化是指以计算机技术以及通讯技术为手段，通过对信息的发送、分析和接收，体现对现实生活和网络社会中的各种社会现象的反应，主要是人类对自身生存方式，从物理到虚拟政治生活的价值、思维方式和存在方式的思考。网络公民文化不仅涵盖了传统文化的特点，在此基础上还衍生出一些新的特性，如虚拟性、交互性、高科技性等。新旧两者结合起来，能够保证网络参与主体的平等地位，营造一个民主、理性、包容的网络环境，是网络公民在其中能够更好地互动交流的基础。

上述与西方学者的同类研究成果具有实质一致性。比较具有代表性的是阿尔蒙德和西德尼·维巴共同创作的《公民文化——五国的政治态度和民主》，该书认为根据不同的标准可以对政治文化进行不同的分类。从参与主体与政治文化之间的关联性来看，可以将政治文化分为地域型政治文化、依附型政治文化和参与型政治文化。其后，对于参与型政治文化具有非常重要的时代意义。这种政治文化是指社会成员对自己的权利和责任、自我能力和政治行为的效能等具有积极的认识和正确的判断。它促使政治参与主体意识到参与政治是行使自己的权利，捍卫自己的权益，而不是特权阶级的专利。[①] 参与型政治文化具有十分积极的现实意义。其界定政权的合法性依据是来自民主授权，强调对国家的政治应以开放、合作的态度，宽容和认同的情感积极参与、理性促进。这体现了该种政治文化的时代性，政治参与文化不单纯侧重在政治输入或政治输出的任何一个方面，而是两者并重。同时，树立并落实民主与法治、平等与自

① 参见［美］加布里埃尔·A. 阿尔蒙德、西德尼·维巴：《公民文化——五国的政治态度和民主》，马殿军、阎华江、郑孝华、黄素娟译，浙江人民出版社 1989 年版，第 54 页。

由等人权概念。参与型政治文化有三个基本特征：一是公民能够认识到自己的政治主体地位，积极参与国家政治生活；二是公民对自身所享有的权利和义务有一个清晰的认识，并以此为基础敢于对政治体系提出批判；三是公民在政治体系中要发挥全面的功能，既有输入也有输出。参与型政治文化的核心就是平等、自由的价值观念。

2. 网络公民文化对培育公民权利意识正确认识的积极意义

首先，网络公民文化建设在全球化背景下对公民品格教育有着十分重要的促进作用。网络文化的不断发展，使自由、民主、平等等基本价值深入人心，网民的公民性更加成熟，这为公民人格的塑造和公民身份的实现提供了良好的基础。其次，网络公民文化建设能够推动网络民主走向有序化发展的道路。新时期，我国民主无论是在实质上还是形式上都有长足的进步，但同时也面临着新形势的考验。网络民主作为一种民主新形态，已然成为我国民主不可分割的一部分，但其潜在的风险确是必须引起我们足够重视的。网络民主中存在的诸多弊端，如非理性、突发性等，是亟待解决的重要问题，这是任何民主制度都无法回避的。而网络公民文化的建设通过培养正确的公民意识、引导公民理性参与政治恰能解决这类问题，推动网络民主的健康发展。最后，社会的和谐与稳定也离不开网络公民文化的建设。中国正处于社会转型期，各种矛盾和摩擦空前集中，这些矛盾和摩擦经常通过网络“群体性事件”和“突发性事件”反映出来，危及社会秩序的和谐稳定。面对此种局势，网络公民教育迫在眉睫。唯有通过这种教育方能使网民形成良好的法律素养及公民品德，进而理性地看待利益分化和调整，客观面对不同的利益矛盾和摩擦。

（二）培养积极理性的网络公民文化

1. 以传统文化为基石

“慎独”是我国传统文化的精髓，自其诞生之日起，至今千百年来，一直为人们所推崇。其在一个民族的道德塑造过程中所起的作用是巨大且深远的，放之当今网络社会也仍然有着不可忽视的影响。首先，网络公民文化的自主性要求与“慎独”非常契合。在网络环境中，每个行为主体的言行都听由自己安排，不受外力控制。在这种情况下，网络主体几乎可以做到随心所欲地接受信息和发表观点。这种极大的自由度在现实中往往需要一个导向，在道德层面上这个导向与“慎独”基本一致。其次，网络公民文化生活具有开放性，这一点也与“慎独”一致。借助网络的开放性与及时性，大量网络信息的发布，使不同文化间的碰撞成为常态，也为一些网络主体不负责任的言行提供了可乘之机。开放必须同时有序，否则稳定的网络环境就无从谈起。网络的开放性环境需要行为主体自觉遵守网络秩序，这也属于“慎独”的精神领域。最后，网络公民文化生活所提倡的独立性要求与“慎独”的基本内涵具有重合性。网络是一个由无数机械终端构成的巨大物理系统，每一个终端前的用户都是相对独立的，这一点不同于现实生活中人与人之间的普遍联系。行为主体在网络中做出行为的同时几乎感受不到来自外界的干扰，社会舆论监督就失去了存在的土壤，对网络主体行为的调控更多的是依赖于其自觉，这种对个人道德的要求与“慎独”的精神也是吻合的。

2. 以网络伦理道德为柔性导向

马克思曾深刻地指出：“道德的基础是人类精神的自律”。道德主体要求具备强大的信念，这个信念其中包含了各种社会规则，道德主体通过他律最终达到自律的目的。网络伦理道德对于公民权利意识发挥着非常重要的作用，法律规则对于公民权利意识通常体现为硬性的引导，而网络伦理对于公民权利意识的引导则体现为柔性的、潜移默化的方式。这种方式相较于法律规则效果更佳，更易于接受。网络道德认知是网民在网络环境中对道德的认识与思考，其中包括形成网络道德价值观念，学习网络道德理论知识和理解把握网络道德规则。想要提高网民的网络道德认知就必须以道德情感为网民提供基础性的支持，培养网民的自觉自律，通过各种途径，采取生动活泼的形式，在潜移默化中提高公民的网络道德认知。

网络伦理道德的构建，需要以全方位的视角由内而外同步进行。一方面，从内在的视角，要注重对公民内在培养时的原则指导，培养公民的网络伦理道德坚持正面性和针对性原则。网络舆论的主要内容集中在问题的反映和情绪的表达上。这些所反映的问题在很多情况下可能并不完全真实，其中夹杂的情绪也显得不十分理性，这就对网络思想政治教育提出了更高的要求。一定要坚持正面引导的原则。有的学者指出，在进行此类教育时，正面引导是必须严格贯彻的原则，另外，在针对性方面也需要做出更多的努力。因为唯有具备了针对性，才可以引起人们的注意，从而达到预期的效果。在具体实施阶段，所谓的针对性又可分为内容和手段两方面，根据具体情况实施相应方案。另一方面，从外在的视角，首先要注重网络伦理道德培育的外部环境建设。马克思、恩格斯指出："人创造环境，同样环境也创造人。"① 普通公民和公职人员构成参与型政治文化的主体，他们共同的特点就是具有自主人格，他们共同促进参与型政治文化的发展。其次，加大网络宣传的力度。将网络文化建设纳入网络思想政治教育的重要内容，不仅应当在公民中普及网络技术，鼓励其积极参加网络活动，同时应当让他们认识到在网络环境中自律的重要性以及网络文化建设的紧迫性，为优化网络文化环境营造良好的氛围。最后，完善网络监督机制。公民自我管理能力的形成可能需要较长时间的积累，那么在其内部驱动力尚不能满足要求的情况下，就有必要通过外部监督对网络行为加以规制。一个关

---

① 参见马克思、恩格斯：《马克思恩格斯选集》（第1卷），人民出版社1995年版，第92页。

键的途径是加强对上网场所的管理和加大网络技术的监控，结合我国目前网络发展和使用的实际情况，我国应当加大对网上信息内容和流通渠道的监督管理，研发出覆盖面广、标准统一、能够应对突发情况的网络监控系统，完善网络防火墙和网络加密技术，杜绝非法侵入等现象，充分发挥过滤软件的作用，对不良信息进行拦截，合理使用技术跟踪手段对网络非法言行进行事后监督。

3. 以社会主义理想信念为核心

理想信念是世界观、人生观和价值观的核心组成部分，是三者的集中表现。一般来说，理想和信念所表达的意思是相近或趋同的。网络公民文化同现实公民文化一样，必须以社会主义理想信念为核心，确保网络中的世界观、人生观和价值观是积极正面的，并且能够与理想信念完美结合，相互促进，保证能够正确认识社会发展的客观规律，明辨是非，即使在虚拟的网络环境中，网民依然能够做到道德方面的自律。

2014 年，中共中央总书记、国家主席习近平主持召开关于网络安全和信息化的一次会议上，指出并强调，要高度重视网络安全和信息化，将网络安全和信息化工作提升到战略高度，从国际形势出发，同时以中国国情为主，看到网络安全和信息化对国家安全和国家发展，乃至对人民群众工作和生活的重大影响，进行整体规划，合理统筹，立足于创新，将我国打造成为网络强国。习近平在讲话中对我国互联网和信息化工作已经取得的成就给予了高度肯定，认为从网络工程的实施以及从网民数量等方面来看，我国毫无疑问是网络大国。主要问题是存在很多局部性差别，如城乡差别、区域差别等，最突出的是国内互联网的平均指标与国际先进水平还存在很大的差距。在今后的网络建设中，要弘扬社会主义主旋律，以培育社会主义核心价值理念为目标，运用网络技术以及网络传播的相应规律，以各种生动活泼的形式激发和传播正能量，正确引领网络舆论等，净化和升华网络空间。

二、网络媒体的正向效应促进公民权利意识的规范运行

在市场经济的大背景下，网络媒体承担着双重任务：一方面，必须追求效益的最大化，以保证生存和发展的源动力；另一方面，又承担着不可推卸的责任，既担负着网上舆论导向的重任，同时也担负社会、经济、文化信息沟通的重任，担负着全心全意为网民服务的重任。因此又必须把“社会效益”、“新闻价值”、“严肃文化”等非市场化、非经济性的标准作为首要考虑的因素。如何对网络媒体进行正确定位，在确保其政治相对独立的前提下实现其政治能动功能、在保障其市场化生存的基础上实现其社会职责，以便充分发挥我国网络媒体的正向效应，从而为公民权利意识的提高创造空间与条件。

（一）网络媒体的正确定位

1. 网络媒体的政治功能

媒体和政治之间的关系非常复杂，传播体系能否有效地和现实政治对接，推动政治发展，取决于各种因素，尤其是与一个国家的政治生态、经济水平、文化传统等息息相关。在西方学者李普曼所提出的精英思想和马基雅维里的君主形象塑造与政治催眠术，重点在于关注统治者如何成功地实施对大众的控制和统治。李普曼甚至认为，现代政治最重要的问题就是如何操纵大众舆论，这一点对于发展中国家而言，是一个不可回避的问题。大众媒介作为发展中国家一种重要的政治动员和政治参与渠道，必须和本国的生产力、文化传统以及政治制度等相适应，而不是一味地寻求大众媒介的绝对自由。马克思指出，政治的本质是阶级统治，国家是阶级斗争不可调和的产物，是统治阶级实施政治统治的工具。大众媒介作为上层建筑的范畴，是阶级斗争的工具，不可避免地打上阶级的烙印。马

克思主义的经典学者认为，大众媒介是党的喉舌，要坚持党性原则，必须以人民的利益为依托，必须服务人民群众的根本利益；在保持政治稳定的前提下要实行必要的监督自由。

在当前的中国社会生活中，宣传和维护社会主义核心价值体系是媒体的政治功能。网络媒体是在传统媒体的基础上发展起来的，它具有更多的优势，合理利用网络媒体可以拓宽社会主义核心价值体系的传播路径、提高传播效率、收到更好的传播效果。首先，由于在网络媒体中，信息传播的速度和广度远远超过了传统媒体，使用网络媒体传播社会主义核心价值体系可以确保传播速度更快且受众数量更多，于是扩大了社会主义核心价值体系的影响面。其次，网络媒体的传播方式更为人性化，使社会主义核心价值体系能够更加深入人心。在网络环境下，每个人的地位都是平等的，都享有对信息无差别的获取权。网民在社会主义核心价值体系的传播中不再仅仅是一个被动的接受者，而享有更多的主动权，包括选择的权利和表达的权利。这一变化将会加强社会主义核心价值体系的传播效果。最后，网络媒体会增加社会主义核心价值体系的说服力。由于网络是一个虚拟的空间，其不受地理空间的限制，各国的网民可以在网络空间中自由的交谈，讨论各国的文化传统，比较各国的政治制度，揭露所在国家的不良社会现象等，总而言之，网民可以在网络环境中畅所欲言，在接触各国文化和政策的同时网民会认识到中国特色社会主义的优越性，拥有更强的信念投身于社会主义的建设事业中，在这个过程中，社会主义核心价值体系传播的说服力增强了。

2. 网络媒体的社会功能

网络媒体具有一定的社会功能，从另一个角度来看，也可以认为是网络媒体所应承担的社会责任。网络媒体需要在政治和社会之间成为沟通的公共通道，监督和批判被认为是大众媒介发挥民主功能的一个重要方面，具有公共批判性。改革开放后，中国的社会结构出现了根本性变化，政治领域的力量在减弱，经济和社会领域的力量逐渐成长，媒体的政治属性在一定程度上开始减弱，而社会和经济属性不断强化。媒体从单一化走向多样化，尤其是网络媒体的出现，除了宣传党和国家的政策外，还扮演了政治权力的监督者和人们利益的守护者。同时网络媒体在市场经济的冲击下，实现了网络市场化，开始挖掘其商业功能，出现了网络媒体娱乐化。在娱乐化、利益化的驱使下，网络媒体提供的信息开始由公正和客观走向戏剧化和夸张化。由此，网络媒体的基本功能开始出现分化，网络媒体负面影响逐渐加大，表现在内容上存在偏见，用谣言诽谤打击报复，传播流言，歪曲客观事物的真相。

出现上述现象的根本原因，在于网络媒体本身是追逐利益的主体，在当前转型时期各种错综复杂的矛盾形势下，其已经偏离了正常轨道。在市场经济的发展过程中，网络媒体与政治的关系一直在不断地调整和修正，自主性不断提高，但由于这一过程是非均衡、非自发的，对于网络媒体的身份如何正确界定，是政治属性还是市场属性，存在一定困惑。网络媒体当前已然是经济发展的重要力量，即便如此，在政治属性和市场属性的比较下，政治控制仍然处于绝对优势的地位，而网络媒体所实现的有限的民主却是由市场化带来的。充分发挥网络媒体的自由化与市场化，是必经阶段和必然逻辑。但网络媒体的社会功能不能完全依赖于市场化的作用，因为自由市场具有其盲目性，任其发展，只会出现另外形式的结构失衡。也就是我们经常看到的，网络媒体作为参与经济发展的重要力量，推动经济发展的同时，导致了社会不稳定，甚至加剧了社会的矛盾激化。网络媒体必须要在政治功能保障的前提下，确保自由与秩序的平衡。

（二）网络媒体正向效应的具体构建

1. 确保网络媒体在相对政治领域的独立性

充分发挥网络媒体的正向效应，保证网络媒体对政治的亲缘性和合作性，保证网络媒体的适当距离和张力，进而实现政治与媒体在公共领域的良性互动，促进政治生态的平衡。一方面，以法律法规确保网络媒体在相对政治领域的独立性。网络媒体这种相对独立性是确保其实现社会功能，起到上传下达基本作用的保障。因此，明确以立法形式确定网络媒体在相对政治领域的独立性，丰富现代民主的实现形式，充分促进公民权利意识的觉醒与发展，为每个公民参与社会生活和政治生活提供平台与空间，从而实现监督政府权力、保持社会稳定。另一方面，发挥网络媒体在政治领域的能动性。政治监督和政治纠错功能，是政治文明发达程度的重要标志，而网络媒体作为公共信息的主要传播工具，理所当然地成为政治监督和纠错的主要体制外力量。政治的有效运行离不开权力的制衡和监督，而监督的前提是知情权与表达权的充分保障，可以说没有公开和透明，就不可能有知情权。网络媒体是公众了解各种社会事务的重要途径，可以使社会事务透明化，帮助受众行使知情权。网络媒体作为一种体制外的力量，对政府行为能形成有效制约和约束，使社会事务透明化，帮助受众行使知情权和接近权。

2. 以议题合理设定落实网络媒体社会责任

大众媒介具有议题设定功能，是传播学的一个重要理论基础。通过议题设定、合理引导来解决网络舆情危机，化解网络政治生态危机。首先，网络媒体应该帮助网民全面、清晰地认识事件的事实，通过选择和评论相关新闻信息，将受众的注意力转移到重要的事件上，最后提出解决问题的方案和建议。所以，一个事件即使其有相当的新闻价值，也不当然就应该报道。议程设置的目的即是通过媒体将大众的注意力相对集中起来，重点关注特定时间点上具有重要意义的中心事件，从而服务于国家建设的大局。需要注意的是，引导舆论要秉承负责、主动、得体、可信的基本原则。其次，网络媒体的责任就是向大众提供全面、真实的信息并且应当保证信息的时效性。新闻的灵魂就是真实，网络媒体更应该具有自律精神，以认真、负责为工作信条，在内部建立一套规范的工作制度，对所发布的新闻严格审查把关。同时，加强行业自律，遵守职业道德。只有如此，网络媒体才能形成自己的公信力，树立良好的社会形象，成为真正意义上的“第四媒体”。再次，应承担起传播严肃文化的责任，为社会遗产的继承和发扬做出贡献。在中国，年轻人是网络媒体主要受众，其中绝大多数年轻人都是学生。在这种情况下，中国的网络媒体更应当多传播正面、积极、健康的社会公共文化，而避免学生受到消极文化以及不良信息的荼毒，教育和引导青少年健康成长是当代中国网络媒体应当承担的责任。此外，网络媒体还有一个非常重要的责任，那就是为社会大众提供有益身心健康的休闲娱乐内容，要杜绝庸俗色情等不健康内容在媒体中的出现，并力图将社会公众的娱乐需求引向健康、正确的道路。网络媒体同传统媒体一样，有着对人们生活潜移默化的影响力，更应发挥积极的社会作用。

三、法治实践的培育范式保障公民权利意识合理化实现

（一）法治实践培育范式选择

从公民权利意识的形成来看，公民权利属于社会意识的一种，是人们在解决人与人之间的社会关系过程中形成的。现实生活中，人们在做一件事情之前首先会就这件事进行思考，通常思考的时间越长，这件事情处理的就越理性。因为这种现象越来越多，人们就会得出一个结论，认识决定实践，在实践之前人们会先产生认识，这种想法是错误的。在认识与实践的关系中，实际上是实践决定认

识，也就是人们的社会存在决定了人们的意识。人的主体能动性表现在人们会在掌握了事物的规律性之后，根据自身需要去改造事物，改造为有利于自己的状态。马克思主义哲学，从某种意义上来看，就是一种实践理论，以各种细致而典型的探讨和研究，反复验证实践的意义，从而提出全部社会生活“在本质上是实践的”。实践不仅为社会关系的发源提供了场所，也是社会生活基本领域的构成部分，社会发展也以实践为动力。

公民权利意识的培养范式一般分为两种，即理论模式和实践模式。我国主要是通过学校教育，也就是理论教育的方式，对公民权利意识进行了一定的培养。理论培养的范式为公民提供基本的权利概念、权利认知，从而为实现权利、行使权利提供感性认识，起到了重要的基础作用。学校是培养公民权利意识必不可少的场所，而且应当是最早开始对公民权利意识进行培育的，因为这时候学生还没有接触社会，在进入社会之前学习公民权利意识能够帮助他们往后更好地行使自己的权利，保护自己的利益并对公权力进行监督。但是在学校并不可能完全完成公民权利意识的教育，其需要一个长期的阶段去实践。从学校毕业后，学生在接受公民权利意识理论教育的基础上，开始向社会学习实践教育。这一点，对于当前的现实情况而言，相当于是一种文化的转换。公民权利意识的成长关键在于实践，公民权利不再只是法律的规定，而是一种公民普遍具有的意识，这种转变取决于政治环境的民主化程度，也取决于每个社会成员对推动公民权利意识发展所做出的努力。只有在社会中真正接触了具体的权利和义务，才能意识到权利义务的实践意义，才能学会做公民。中国社会的公民性，会有本国国情的烙印，与现在的中国实际紧密联系着，所以应当在中国的文化背景下，创造性地发展公民权利意识教育的法治实践之道。

（二）法治实践培育范式的具体构建

法治在社会生活的实现与运行，主要通过以下四个环节，即立法—执法—司法—守法。相应的，通过法治实践范式培育公民权利意识也要通过上述四个环节一一进行。

1. 立法对公民权利意识的培养

立法，是指法的制定，也称法创制。制定法律从形式上看，是将人们的行为模式固化，以法律的语言将占据主导地位的主要意识形态表达出来，其实质是在于将公民的价值观念、价值判断和价值实践等外化为法律，因而获得人们的内心认可，从而在人们行为中进行传播。人们在日常生活、生产过程以及与他人的交往中，其实都与法律有着密切的接触，法是在人们的日常生活中反复实践的，在这个过程中人们渐渐认同法的精神和价值，被法同化，最后形成的公民权利意识一定也是公民所需要的。如美国的《独立宣言》、法国的《人权和公民权宣言》等宪法性文件，这些宪法性文件之所以在全球都有很大的影响力，就是因为其所主张的自由主义精神，与资本主义世界的公民权利意识非常契合。因此实现公民意识教育法治实践的基本方式就是，制定法律保证公民权利意识教育。

中国特色社会主义的法律体系现在已初步成形，基本可以做到有法可依，现在的时代已经不是为了立法而立法。目前立法工作中的首要任务不再是立法的数量，而是要保证立法的质量，新形势下的法律应该能够满足经济社会发展的需要，能够促进社会主义的民主法制建设。立法从本质上说就是一个加强公民权利意识的过程，一方面，立法机关普法，主要应当是事前和事中普法。事前普法，是指在制定法律法规等过程中，通过各种形式，如最初的征集法案，随后根据需要适时召开专家座谈会、论证会或听证会等，充分体现和发扬民主，以及大胆创新立法程序，尽量保障大多数的公民以各种形式和途径参与到政治生活中、尤其是立法活动中来。事前普法意义比较重大，事前普法能够充分调动广大人民群众对法律的热情，对于之后的执法司法等环节起着非常重要的促进作用。立法机关的法制宣传，让广大公民对于立法内容有更多的了解。另一方面，落实《立法法》的基本原则。其中民主立法强调立法机关对于制定法律所需要遵循的实体原则和方法，普法是对立法机关具体职能的进一步充实和深化。换言之，需要全社会在立法过程中遵循民主原则、科学原则、客观性原则，努力实现法制化等方面的继续深入，主要是严格实行《立法法》中所明确规定的立法权限和立法程序等。

2. 执法对公民权利意识的培养

"执法是实施法律的活动，体现了最具广泛性和普遍性的活动，是法律在社会生活中实现的主要途径。"① 所谓的执法就是指法律的执行，广义上的执法还包括法的适用和司法，而狭义上的执法只包括行政执法。本文所说的执法是狭义上的执法，执法跟立法相比与公民的关系更为直接，因此执法实践对公民意识的教育也更为直接。高效公正的行政执法能够促进公民权利意识的提高。

执法公正、合法、合理对于公民权利意识的培养具有至关重要的作用。

第一，真正做到公正执法，实现执法合法与合理。我国的法制化模式是"政府推进型"，由政府主导来推动公民权利意识的发展。当一国的法律真正反映公民的需求与心声，切实保护公民的合法利益，并且在法律的应用和执行中让公民切实感受到了自己的利益被保护时，公民自然会信任法律，维护法律，乐于按照法律的规定去行使自己的权利，公民权利意识就会逐步增强。真正的合法执法能够使公民在政府的行为中体会到自己权利的重要性，认识到自己的

---

① 参见徐丰兰:《如何正确理解科学执政、民主执政和依法执政》，载《东岳论丛》2006 年第 6 期.

权利是被国家充分尊重的。真正的合理执法不仅可以使人们的权利得到切实保障，更能使人们知道自己权利的界限，从而提高公民的权利意识。

第二，在执法的过程中注重程序法的作用。程序法作为执法合法合理的保障在培养公民权利意识上具有保障的作用。世界各国的行政法治，以理论和实践的各种形式证明了行政法的实质就是程序法。行政执法的根本在于实现行政管理的合法程序化。我国行政法制整个建设较为缓慢、行政法治实践起步较晚。公民对于行政法，无论实体还是程序都是较为陌生的。因此，通过公众参与行政过程，以程序行政实践来强化公民权利意识教育具有重要意义。执法的程序性要求个体化参与，也要求组织化参与，特别要重视组织化对公众参与过程的影响。当前所提出的“分散利益组织化”，需要根据现代法治国家建设的需要，将公众参与的社会基础由传统提法中的大众社会转型为公民社会。通过听证会、座谈会、论证会等，直接面对社会征求意见，所采取的方式不限于听取意见式的公众参与，也包括行政契约、行政指导等合意式的公众参与，以及协商民主理念指引下的协商性公众参与。

第三，在建设服务政府和责任政府的过程中通过限制公权力来保障私权，以实现公民权利意识教育。经过 30 多年的行政法制建设，服务型责任政府的理念已经建立并得以发展，可以通过服务行政和责任行政来提升公民的权利意识。但是部分政府工作人员，仍然以为“法律只是用来约束和规范老百姓的”，这种观点当然是错误的，而且会误导公权力的行使，如果不对这种错误的观点加以纠正，可能会引发政府的治理危机，产生严重的行政弊端。在实际的社会生活中，政府与公民的根本区别就是一个是公权力主体，一个是私权利主体。不论是公权力主体还是私权利主体，他们都受到法律的约束，都需要根据法律的规定行使公权力或者私权利。但是两者也有不同，对公权力的约束具有强制性，因为公权力的行使大多关乎公众的切身利益，不对其加以严格限制就不能保障公民的权利。因此，对政府权力的限制和约束是宪法和法律的一个最基本的宗旨，其目的在于维护和保障公民权利。

3. 司法在公民权利意识培养中的作用

在公民权利意识的教育培养中，司法起着最直接、最现实的作用。司法的公正通过对个体公民的权利意识进行教育，进而对于培育公众的公民权利意识起到间接的作用。相对于实体正义而言，公正司法是指经过司法程序，最终得到的是公正的结果。在公正司法中，个案当事人直接受到公民权利意识的教育，这种教育效果会通过个人向社会传播。因此我们应当重视公正司法对公民权利意识教育的作用。各级各类司法机关代表国家行使司法权，也是司法活动的组织者和主导者，他们的任何作为都会对公民权利意识产生积极或者消极的影响。而公正司法会一直向社会传递正面的信息，从而能够促进公民权利意识的良性发展。

公正司法能够对公民权利意识起到很好地教育作用，做好以下几方面的工作才能够保证司法公正：一是从立案方面来说，由于受到“官本位”思想的影响，行政诉讼存在“告状难”的问题。公民意识不到自己所享有的权利，或者意识到了自己的权利但由于对方是国家行政机关而不敢行使自己的权利，这种现象非常不利于公民权利意识的培养。因此针对行政诉讼，应该扩大其受案的范围，放宽行政诉讼原告资格的限制，限制公权力在行政诉讼中的行使。二是从审判方面来看，以刑事诉讼为例，实现判决理由和判决结果的双公开，从向当事人的公开转为向全社会的公开，实现司法过程的“全公开”，这样能够促进公民权利意识的教育。所谓的“全公开”，首先，公开的主体不仅包括各类审判机关、检察机关，也包括公安机关和行使监狱管理职权的司法行政机关；其次，扩大公开的内容，不仅公开案件的结果，对于案件处理的过程，如果不涉及法律规定需要保密的部分也应当公开；最后扩大公开的范围，不仅仅向案件当事人公开，而是向全社会公开。最后从执行方面看，民事诉讼的案件存在“执行难”的问题，公民通过司法程序获得了公正的结果，但是有时却不能得到执行，这一点将有损于司法的公信力，也大大地打击了公民通过司法手段保护自己权利的积极性。从这方面来看，司法机关应当与其他行政机关积极合作，采取多种手段解决民事诉讼“执行难”这一问题，这对公民权利意识的教育具有非常重大的意义。

4. 守法对公民权利意识的培养

守法是指国家的一切主体，包括国家机关、社会组织以及公民个人，按照法律的规定进行的以行使权利和履行义务为内容的各种活动。守法通常是指行使法律权利和履行法律义务两个方面的总和。但在现实生活中，人们理解“守法”就是遵守法律，按照法律的规定履行自己的义务，这种理解是片面的。实际上守法不仅仅包括履行法律规定的义务，它还包括根据法律的规定行使自己的权利。充分发挥守法对公民权利意识的培养，应当做到以下几点：

第一，执政党带头守法的公民意识教育作用。根据我国现行宪法的规定，我国一切主体，包括国家机关、社会组织、个人都是遵守法律的主体。尤其是强调了国家机关、党政部门的模范守法。在党的会议中，在强化党的执政能力时，严肃地提出了依法行政的重要论断。明确了执政党必须遵守宪法和法律，要求党的组织和党员负有维护宪法和法律尊严的义务和职责。作为执政党的守法，包括积极守法和消极守法。积极守法即执政党积极进行依法行政；消极守法是指遵守宪法和法律的规定。

第二，国家机关及其公务员模范守法的公民意识教育作用。法治得以确立和发展的一个重要环节是司法执法人员应当有公平正义和民主法治的观念，同时也具备敬业精神。作为领头羊，国家机关及其工作人员更应当以身作则，自觉遵守法律，维护法律的尊严和权威，只有公民信任政府、信任法律，才能培育出以民主法治、自由平等、公平正义为核心理念的公民权利意识。说到守法，通常我们关注的焦点都是公民以及其他社会组织，其实要真正实现依法治国，应当先确保公权力主体、司法执法主体具有守法精神，否则会出现御用主义、工具主义精神。公权力的守法能够确保法律实践的公正性，只有这样才能保证社会主体在适用法律的过程中受到了公正平等的对待，才能增加社会主体对法律的信任，自觉遵守法律。综上，公权力主体的守法对公民意识的教育意义重大。

第三，公民自我守法的公民意识教育作用。我国守法主体中最普遍、最广泛的就是公民。公民自觉遵守法律不仅是依法治国的基本要求，也是社会主义民主的本质要求。社会主义法律，顾名思义就应该保护广大人民的合法利益，反映人们的基本需求，是属于人民的法律。在这个基础上，公民守法就是理所应当的，因为法律反映自己的意志和需求，保护自己的合法利益。基于主人翁的责任感，公民应当会自觉遵守法律，并依法积极使用自己的权利，履行自己的义务，这也是守法的重要表现。

针对公民权利意识中出现的问题，注重公民权利意识发展与培育实效，提出对公民权利从虚拟空间到现实环境的一体化保护的具体方案。该方案主要是从微观角度明确提出网络环境下公民权利意识培育具体切入点，即以传统文化为基石，以网络伦理道德为柔性导向，以社会主义理想信念为核心，理性建构网络文化实现公民权利意识的正确认识；对网络媒体进行正确定位，在确保其政治相对独立的前提下实现其政治能动功能、在保障其市场化生存的基础上实现其社会职责，充分发挥网络媒体的正向效应；采取法治实践模式培育公民权利意识，通过立法—执法—司法—守法四个环节，创造性地发展公民权利意识教育。

参考文献

1. 著作

[1] 杜俊飞. 政府网络危机 [M]. 北京：中国发展出版社，2011.

[2] 李海青. 权利与社会和谐 [M]. 济南：山东人民出版社，2009.

[3] 陈乐民，F. E. 史傅德. 对话欧洲：公民精神与启蒙精神 [M]. 北京：三联书店，2009.

[4] 王东虓，蒋笃运. 公民意识研究 [M]. 郑州：郑州大学出版社，2009.

[5] 沈明明. 中国公民意识调查数据报告（2008）[M]. 北京：社会科学文献出版社，2009.

[6] 曼纽尔·卡斯特. 网络社会跨文化的视角 [M]. 周凯，译. 北京：社会科学文献出版社，2009.

[7] 李海青. 法的信仰 [M]. 北京：知识产权出版社，2008.

[8] 唐宏强. 国家与社会：传统东方法律的运动机理 [M]. 北京：

人民出版社，2008.

［9］邓正来. 国家与社会：中国市民社会研究［M］. 北京大学出版社，2008.

［10］［美］亨廷顿. 变化社会中的政治秩序［M］. 王冠华，等，译. 上海：上海人民出版社，2008.

［11］王锡锌. 公众参与和中国新公共运动的兴起［M］. 北京：中国法制出版社，2008.

［12］［德］耶林. 为权利而斗争［M］. 郑永流，译. 北京：中国法律出版社，2007.

［13］郭忠华，刘训练. 公民身份与社会阶级［M］. 南京：江苏人民出版社，2007.

［14］［英］斯廷博根. 公民身份的条件［M］. 郭台辉，译. 长春：吉林出版社，2007.

［15］［英］尼克·史蒂文森. 文化与公民身份［M］. 陈志杰，译. 长春：吉林出版社，2007.

［16］［英］希特. 何谓公民身份［M］. 郭中华，译. 长春：吉林出版社，2007.

［17］蔡文之. 网络：21世纪的权力与挑战［M］. 上海：上海人民出版社，2007.

［18］柯卫. 当代中国法治的主体基础：公民法治意识研究［M］. 北京：法律出版社，2007.

［19］刘雪松. 公民文化与法治秩序［M］. 北京：中国社会科学出版社，2007.

［20］孙永芬. 中国社会各阶层政治心态研究［M］. 北京：中央编译出版社，2007.

［21］何增科. 公民社会与民主治理［M］. 北京：中央编译出版社，2007.

［22］［英］德里克·希勒. 何为公民身份［M］. 郭中华，译. 吉林：吉林出版集团有限责任公司，2007.

［23］曼纽尔·卡斯特. 网络星河对互联网、商业和社会的反思［M］. 郑波，武炜，译. 北京：社会科学文献出版社，2007。

［24］刘擎. 公共性与公民观［M］. 南京：凤凰出版传媒集团，南京：江苏人民出版社，2006.

［25］廖加林. 现代公民社会的道德基础［M］. 长沙：湖南大学出版社，2006.

［26］谢岳. 大众传媒与民主政治［M］. 上海：上海人民出版社，2006.

［27］［美］丹尼斯·麦隆尔. 麦隆尔大众传播理论［M］. 崔保国，李琨，译. 北京：清华大学出版社，2006.

［28］林喆. 公民基本人权法律制度研究［M］. 北京：北京大学出版社，2006.

［29］周汉华. 个人信息保护法及立法研究报告（专家建议稿）［M］. 北京：法律出版社，2006.

［30］李斌. 网络政治学导论［M］. 北京：中国社会科学出版社，2006.

［31］郑永廷. 人的现代化理论与实践［M］. 北京：人民出版社，2006.

［32］曼纽尔·卡斯特. 网络社会的崛起［M］. 夏铸九，王志弘，译. 北京：社会科学文献出版社，2006.

［33］应奇，刘训练. 公民共和主义［M］. 上海：东方出版社，2005.

［34］［美］约翰·杜威. 民主主义与教育［M］. 北京：人民教育出版社，2005.

［35］任剑涛. 权利的呼唤［M］. 北京：中央编译出版社，2005.

［36］［美］理查德·C. 博克斯. 公民治理：引领21世纪的美国社区［M］. 北京：中国人民大学出版社，2005.

［37］［美］斯坦利·J. 巴伦. 大众传播概论——媒介认知与文化［M］. 北京：中国人民大学出版社，2005.

［38］董永森，陈继红. 信息网络与高新技术法律前沿［M］. 北京：法律出版社，2005.

［39］刘杰. 知情权与信息公开法［M］. 北京：清华大学出版社，2005。

［40］马克·波斯特. 第二媒介时代［M］. 范静哗，译. 南京：南京大学出版社，2005.

［41］许纪霖. 共和、社群与公民［M］. 南京：江苏人民出版社，2004。

［42］张军. 宪法隐私权研究［M］. 北京：中国社会科学出版社，2004。

［43］宫志刚. 社会转型与秩序重建［M］. 北京：中国人民公安大学出版社，2004.

［44］［美］凯斯·桑斯坦. 网络共和国：网络社会中的民主问题［M］. 上海：上海人民出版社，2003.

［45］［美］伯尔曼. 法律与宗教［M］. 梁治平，译. 北京：中国政法大学出版社，2003.

［46］张新宝. 互联网上的侵权问题研究［M］. 北京：中国人民大学出版社，2003.

［47］曼纽尔·卡斯特. 网络社会的崛起［M］. 夏铸九，王志弘，等，译. 北京：社会科学文献出版社，2003.

［48］马长山. 法治的社会根基［M］. 北京：中国社会科学出版社，2003.

［49］马长山. 国家、市民社会与法治［M］. 北京：商务印书馆，2001.

［50］刁生富. 21 世纪网络人生指南——网络空间的社会问题与社会控制［M］. 广东：广东高等教育出版社，2003.

［51］［加］加里斯·摩根. 驾驭变革的浪潮：开发动荡时代的管理潜能［M］. 孙晓莉，译. 北京：中国人民大学出版社，2002.

［52］公丕祥. 权利现象的逻辑［M］. 济南：山东人民出版社，2002.

［53］查尔斯·泰勒. 公民社会的模式［A］. 北京：中央编译出版社，2002.

［54］［英］罗伯特·D. 帕特南. 使民主运转起来［M］. 南昌：江西人民出版社，2001.

［55］马振清. 中国公民政治社会化问题研究［M］. 哈尔滨：黑龙江人民出版社，2001.

［56］［美］托马斯·亚诺斯基. 公民与文明社会［M］. 柯雄，译. 沈阳：辽宁教育出版社，2000.

［57］马振清. 中国公民政治社会化问题研究［M］. 哈尔滨：黑龙江人民出版社，2000.

［58］何增科. 公民社会与第三部门［M］. 北京：社会科学文献出版社，2000.

［59］杨春福. 权利法哲学研究导论［M］. 南京：南京大学出版社，2000.

［60］尼古拉·尼葛洛庞帝. 数字化生存［M］. 胡永，等，译. 海口：海南出版社，2000.

［61］常建. 当代中国权利规范的转型［M］. 天津：天津人民出版社，2000.

［62］张秀雄. 公民教育的理论与实施［M］. 台北：台湾师大书苑，1999.

［63］谢鹏程. 公民的基本权利［M］. 北京：中国社会科学出版社，1999.

［64］刘海年，李林，托瓦斯·弗莱纳. 人权与宪法［M］. 北京：中国法制出版社，1999.

［65］刘春. 权利的陷阱与制约：西方国家政治腐败透视［M］. 北京：中共中央党校，1998.

［66］［美］路易斯·亨金. 权利的时代［M］. 北京：知识出版

社，1997.

［67］［美］德沃金. 法律帝国［M］. 北京：中国大百科全书出版社，1996.

［68］米尔恩. 人的权利与人的多样性［M］. 北京：中国大百科全书出版社，1995.

［69］［法］孟德斯鸠. 论法的精神［M］. 张雁深，译. 北京：商务印书馆，1991.

［70］［德］康德. 法的形而上学原理［M］. 沈叔平，译. 北京：商务印书馆，1991.

［71］Stephen Coleman, Jay G. Blumler, The Internet And Democratic Citizenship: Theory, Practice And Policy［M］. Cambridge; New York: Cambridge University Press, C2009.

［72］Karen Mossberger, Caroline J. Tolbert And Ramona S Mcneal, Digital Citizen Ship: The Internet, Society, And Participation［M］. Cambridge, Mass.: MIT Press, C2008.

［73］Kay Lawson Edited, When Parties Prosper: The Uses Of Electoral Success［M］. Boulder: Lynne Rienner Publishers, 2007.

［74］Zhou Yongming, Historicizing Online Politics: telegraphy, the Internet, and Political Participation in China［M］. Stanford University Press, 2006.

［75］Brants, Kees, Guest Editor's introduction: the internet and the public sphere［M］. Political communication, 22, 2005.

2. 期刊

［76］王国喜，牛绍娜，窦海燕. 公民权利意识的培养——“被时代”的思考［J］. 改革与开放，2013（1）：126－127.

［77］司海林. 论公民的法律意识［J］. 法制与社会，2013(3)：3－4。

［78］祝建辉. 公民知识产权法律意识培育的研究与展望［J］. 理论

与改革，2013（1）：187－189.

［79］阎辉，李志远，马利霞．中国传统法律文化对现代法律意识的消极影响［J］．法制与社会，2013（3）：272－274.

［80］尹世民，汪子彬．公民社会视域下网络反腐制度化路径分析［J］．法制与社会，2013（3）：45－49.

［81］巫洪才．论民族地区国家法律意识形成的障碍及解决对策［J］．云南社会科学，2013（1）：35－38.

［82］张帆，陆艺．基于公民权利价值导向的社会管理体制创新［J］．求实，2012（4）：47－50.

［83］孙美堂．首都公民权利意识分析研究［J］．中国政法大学学报2012（1）：23－27.

［84］吴亚钦．浅谈我国公民法律意识的生成［J］．学理论，2012（7）：117－118.

［85］韩振文．中国公民现代法律意识培养之生成基础与路径选择——以中国特色社会主义法律体系的形成为视角［J］．大庆师范学院学报，2012（4）：72－77.

［86］任爱红．论大学生作为网络公民的话语失范及其规制［J］．华章，2012（1）：128.

［87］潘希望，孙曼如．大众法律意识对法制建设的负面影响［J］．改革与开放，2012（8）：18－19.

［88］彭语良，李思雨．网络环境对大学生法律意识的影响与对策［J］．重庆与世界（学术版），2012（10）：64－69.

［89］傅慧芳．当代中国公民意识研究的现状与向路［J］．福建农林大学学报（哲学社会科学版），2012（1）：68－72.

［90］罗锋懋，张劲松．大学生网络法制教育研究综述［J］．广西民族师范学院报，2012（6）：124－127.

［91］黄超．浅析中国公民法律信仰的培育［J］．法制与经济（下

旬），2012（5）：112－115.

［92］赵子丰. 网络公民社会的成长及其对社会政治稳定的影响［J］. 北京青年政治学院学报，2012（1）：75－86.

［93］燕小录. 新时期我国网络公民参与的发展探析［J］. 中共济南市委党校学报，2012（3）：101－104.

［94］杨艳，陈奋红，张玉珍. 网络社会对于公民意识形成的作用分析［J］. 丝绸之路，2012（8）：86－87.

［95］侯瑞雪. 公民法律意识视角下的网络暴力［J］. 河北法学，2011（6）：64－69.

［96］李萌. 论公民权利意识觉醒［J］. 学理论，2011（2）：162－164。

［97］熊光清. 网络公共领域的兴起及其影响：话语民主的视角［J］. 马克思主义与现实，2011（3）：169－173.

［98］廖维晓，王琦. 民主技术的演进——从辩论、投票、选举、媒介到网络［J］社会主义研究，2011（2）：115－120.

［99］张海平，谢丽辉，钟广池. 论网络环境下大学生法律意识的培养及教育机制的创新［J］. 科教导刊（上旬刊），2011（8）：42－45.

［100］刁胜先. 网络自由不能承受之忧——从3Q大战看网络用户民事权益的保护［J］. 重庆邮电大学学报（社会科学版），2011（2）：44－61。

［101］孙春伟. 法律意识形态的价值属性分析［J］. 学习与探索，2011（5）：100－102.

［102］贾飞. 网络群体性事件防控分析［J］. 河北公安警察职业学院学报，2011（3）：19－26.

［103］田冰. 公民法律意识现代化与法治国家的构建［J］. 山西高等学校社会科学学报，2011（12）：72－74.

［104］张安新. 网络政治参与对公民意识形成的影响探析［J］. 神州，2011（17）：99－100.

［105］杜庆华. 论网络公民意识［J］. 长春理工大学学报（社会科

学版），2011（5）：31-33.

［106］杜庆华．网络公民意识的觉醒及其培育［J］．理论学习，2011（2）：24-27.

［107］胡余旺．权利冲突的法哲学思考［J］．河北法学，2010（8）：152-156.

［108］杨建军．法治视野下的电子民主［J］．河北法学，2010（9）：63-68.

［109］李艳霞．社会转型期中国公民意识的良性构建——以社会生活各领域关系为视角的分析［J］．社会主义研究，2010（1）：35-38.

［110］李贵成．论网络社会与网络公民意识的培育［J］．湖北行政学院学报，2010（6）：78-81.

［111］尹梅红．关于公民权利意识的思考［J］．东南大学学报（哲学社会科学版），2010（6）：38-39.

［112］孙立明．公民权利意识的兴起——一项主要基于互联网的观察［N］．中央社会主义学院学报，2010（6）：99-103.

［113］刘志洲．和谐社会构建过程中公民权利意识的培养［J］．领导参考，2010（12）：49-50.

［114］张帆，陆艺．基于网络实名制争议的权利意识思考［J］．求实，2010（11）：72-75.

［115］黎晓武，陈威．论网络背景下公民政治参与权的行使［J］．求实，2010（9）：57-61.

［116］陈华栋，蒋颖．关于"网络民意"的一些思考与对策［J］．求实，2009（10）：68-70.

［117］蒋传光．公民社会与社会转型中法治秩序的构建——以公民责任意识为视角［J］．求是学刊，2009（1）：76-84.

［118］郝敏晓．论公民权利意识的觉醒及其立法回应［J］．武汉冶金管理干部学报，2009（12）：27-28.

［119］郭道晖. 论作为人权和公民权的表达权［J］. 河北法学，2009，27（1）：55－59.

［120］周志强. “网络知情权”，一场虚幻的狂欢？［J］. 人民论坛，2009（3）：40－41.

［121］宁林. 论网络时代背景下公民知情权面临的博弈与救济［J］. 经济与法，2009：165－166.

［122］王建强，郑唯. 浅析网络公民意识［J］. 政法行政，2009（2）：216－217.

［123］杨营. 试析网络对公民权利意识觉醒的促进作用［J］. 大众文艺，2009：67－68.

［124］朱彩霞. 网络——中国公民意识崛起的动力［J］. 政治与社会，2009（12）：54－56.

［125］吴斌. 我国公民权利意识现状述评［J］. 云南社会科学，2009（3）：64－68.

［126］胡玲. 网络公共表达离“话语民主”有多远？［J］. 新闻爱好者，2009（15）：48－49.

［127］杨琳. 网络舆情飙升的背后［J］. 瞭望新闻周刊，2009（27）：52－53.

［128］张健. 公民意识内涵：公民现象的反思与公民特质的认同［J］. 人文杂志，2009（1）：47－52.

［129］毕继媛，朱加林. 论网络民意与法律［J］. 法制与社会，2009（11）：253.

［130］高斌. 公权力应如何面对网络民意［J］. 政府法制，2009（23）：6－8.

［131］何频. 论网络文化与社会主义民主政治的发展［J］. 马克思主义与现实，2009（1）：161－164.

［132］黄长军. 网络民意在构建和谐社会中的作用［J］. 党政论坛，

2009 (3): 3 -25.

[133] 李刚，宋强. 网络文化发展困境与柔性管理 [J]. 北京邮电大学学报（社会科学版），2009 (1): 5 -10.

[134] 李兴平. 网络文化中的民主政治的思考 [J]. 社会科学家，2009 (7): 41 -44.

[135] 林尚立. 在有效性中积累合法性：中国政治发展的路径选择 [J]. 复旦学报（社会科学版），2009 (2): 52 -60.

[136] 刘力锐. 论我国网络民意的特征与政府回应 [J]. 求实，2009 (6): 68 -71.

[137] 王海稳. 论网络民意表达的政治价值考量及其限度 [J]. 甘肃理论学刊，2009 (3): 17 -19.

[138] 汪铁民. 加强对网络民意的有效引导 [J]. 中国人大，2009 (2): 3.

[139] Xenos, Michael & Moy, Patricia. Direct and Differential Effects of the Internet on Political and Civil Engagement [J]. Journal of Communication 57, 2007.

[140] Zhou Yuqiong & Moy, Patricia. Parsing Framing Processes: The Interplay Between Online Public Opinion and Media Coverage [J]. Journal of Communication 57, 2007.

3. 学位论文

[141] 高亮亮. 网络政治参与对公民意识提升的作用探讨 [D]. 福建师范大学，2012.

[142] 许鹏飞. 网络化背景下公民参与公共政策制定研究 [D]. 郑州大学，2012.

[143] 任远. 互联网政治生态下的公共权力运行与公民权利保障 [D]. 东北财经大学，2011.

［144］郝敏晓．论网络表达自由［D］．郑州大学，2011.

［145］杨洪斌．公民权利意识的宪法学研究［D］．郑州大学，2010.

［146］尹利．论公民权利意识［D］．郑州大学，2010.

［147］王柳杰．论公民权利意识［D］．四川师范大学，2009.

［148］田宇建．国后我国公民权利意识的发展及其对法治进程的影响［D］．河北师范大学，2009.

［149］俞悦．试论信息化时代中国公民的政治参与［D］．首都师范大学，2007.

［150］张雪红．论我国政治生态下的政府重塑［D］．黑龙江社会科学院，2007.

［151］李春．网络政治参与在我国的兴起：条件、形态与前景［D］．复旦大学，2004.

4. 报纸

［152］邹奕萍．草根意见受关注互联网成就“全民两会”［N］．通信信息报，2008-03-05（B02）.

5. 电子文献

［153］新华网．胡锦涛主持中共中央政治局第二十三次集体学习［EB/OL］. http://news.xinhuanet.com/politics/2010-09-29/c_13535934.htm.

［154］刘洪波．网络与公民身份的实现［EB/OL］．http://tech.sina.com.cn/i/2008-07-13/16162322811.shtml.

［155］“北京法院就‘网络暴力第一案’向工信部发司法建议”［EB/OL］．http://news.163.com/1218/12/4TEQ9N5I000120GU.html,2009-03-20.

［156］李水金，侯静．网络时代构建政府与公民良性互动机制的探讨［EB/OL］．http://www.chinaelections.org/NewsInfo.asp?NewsID=196486，2011.

[157] 中国网民数量达到 2.53 亿[EB/OL]. 新华网: http://news.xinhuanet. com/newscenter/2008 -09/23/content_10097489. htm.

[158] 中国网民更愿“发言”论坛数量居全球第一[EB/OL]. 中国网: http//www. china. com. cn/news/txt/2008 -01/04/content_9478928. htm.

[159] 2008 网络问责事件震动官场，问题官员无所遁形[EB/OL]. 新浪网: http://news. sina. com. cn/c/sd/2009 -02 -10/164817186213. shtml.

[160] 胡锦涛总书记通过人民网强国论坛同网友在线交流[EB/OL]. http://www. people. com. cn/GB32306/33093/125024/, 2008 -06 -20.

[161] 对话闵大洪：网络舆论民意表达的平台[EB/OL]. http://news. xinhuanet. com/newmedia/content -2115745. htm,2004 -10 -22.

[162] 人肉搜索引擎[EB/OL]. 百度百科网: http://baike. baidu. com/view/542894. htm.

[163] 黄爱萍. 网络谣言的传播特点与传播形态初探[EB/OL]. http://www. studa. net/2005/12 -12/20051212445. html.

后　　记

本书是在我的博士论文基础上修改完成的。还记得刚开始写论文的时候，有人对我说，写论文熬人啊，起码要瘦 20 斤，也有人对我说，写论文难啊，谁都得掉层皮啊。仿佛论文的写作一定会与体重发生关联。时至今日，我深深感到写作论文带给我的，是对我性情的磨炼。记得在写作论文之初，我雄心勃勃，到真正进入写作的各环节，尤其是到了论文的完成环节时，则变得胆战心惊、不忍再看。纵有不足与遗憾，依然十分珍惜。因为论文的写作，既克服了自己既有的浮躁与轻狂，也在潜移默化中提升了自我，获得了平和淡定的心态。

一定要感谢的，是我的父母。博士学位的取得、本书的最终成稿，最直接的动力来自父母的殷切期望，年近不惑还可以承欢膝下，过着衣来伸手饭来张口的日子。多么希望把这本书化作这世上最美的花儿献给我的父母！

作　者

于大连一品漫谷

2016. 8